AGRADE(

Antes de empezar a agradecer a las personas que me han ayudado y animado a escribir este libro quiero agradecer a la vida por darme esta oportunidad y al amor que he sentido al escribir cada una de estas páginas. He llorado en muchas de ellas, en otras, me he empoderado y en muchas otras he abierto mi corazón.
Este libro me ha sanado y deseo que lo haya hecho contigo.
Gracias Universo.

En primer lugar, quiero agradecer **a Carol**, mi mujer, mi amiga, mi confidente y mi faro. Gracias mi amor por animarme siempre, por estar siempre a mi lado, por sostenerme y por permitirme ver en tus ojos, la mejor versión de mí. Te amo.

Quiero agradecerle a la vida el poder disfrutar de **mi hija Sofía**. Eres la estrella de mi existencia, la que me da fuerza cada día para seguir reinventándome y aprendiendo. Eres la que me enseña, en cada momento, a ver la vida en tus ojos, recordándome el niño que aún sigue vivo en mí. Te amo con toda mi alma.

Quiero agradecerles **a mis padres y a mi hermana** la paciencia que tienen conmigo. Sé que soportar todas mis "chapas" y mis sueños no es tarea fácil. Gracias por estar siempre a mi lado y ser ese colchón donde siempre puedo caer sin hacerme daño. Os quiero.

Quiero agradecerle **a mi hermano de alma Jano Galán** todas esas preguntas que me regaló para que me haya decidido a no guardar nada de mí. Gracias por el ejemplo de vida que sigue latiendo en mí. Lo he conseguido Jano, ahí va mi libro para el cielo. Deseo que te guste. Te quiero hermano.

Quiero agradecerle **a mi amiga Laura Chica** el poder permitirme aprender del poder de las promesas. Nada de esto sería hoy posible sin tu magia para sembrar en mí las semillas del compromiso. ¡Lo he conseguido Laura! Gracias por ser un espejo donde reflejarme. Gracias también por acceder a formar parte de mi libro escribiendo el prólogo. Un prólogo lleno de cariño y amor que invita al lector a confiar en mí. Te quiero amiga.

Quiero agradecerle **a mi tía Patri** todo el esfuerzo y amor que ha puesto en cada una de las correcciones del libro. Sin ti todo tendría menos sentido.

Agradecerle **a Sara (@sara_paint)** toda la creatividad, paciencia y amor que ha puesto en la portada de este libro. Gracias Sara.

Agradecerle **a Elizabeth**, mi maquetadora, el gran trabajo que ha hecho para que todo esté perfecto en tus manos. Gracias.

Por último, me gustaría agradecer **a toda la Comunidad de seguidores, en especial a la de Instagram**. En parte, este libro es vuestro. Gracias por inspirarme y acompañarme en mi camino de vida. Cuando empecé a escribir mis pensamientos en las RRSS lo hice a modo de desahogar todos los pensamientos que llevaba dentro, y nunca imaginé sentirme abrazado por esta gran comunidad. Gracias

Volver a ti.

Albert Ureña Martínez

"El amor no es algo que se pueda aprender,
porque jamás ha habido un instante
en el que no lo conocieses".

Un Curso De Milagros T18.IX.12

por compartir lo que os resuena en cada una de mis frases, gracias por cuestionarme y por comentar o etiquetar a otras personas con las que queréis compartirlas.

Gracias a todos con todo mi corazón.

PRÓLOGO

Cuando leí este libro, vi reflejada mucha de la sabiduría, aprendizajes y conocimientos que comparto en mi libro de "365 citas contigo". Mensajes que no vienen de la mente; vienen del alma.

Eso no es casual; probablemente el camino de aprendizaje, sabiduría y desarrollo de Albert es muy similar al mío, y también al tuyo.

Lo que diferencia un camino de otro normalmente no es lo que pasa, sino las experiencias, vivencias, aprendizajes, y cómo uno vive lo que pasa.

En nuestra vida 'vivimos', algunos en mayúsculas, otros de puntillas, y otros simplemente pasan cerca, pero no por dentro. La vida nos regala continuamente aprendizajes que nos pone en bandeja, y cada uno elige si los aprovecha, o si no.

Vivir es más que pasar por lo que pasa; es dejar que te transforme.

Esa es la diferencia básica entre unas experiencias y otras. Entre unas personas y otras. Entre quien por más que la vida le muestra el camino, repite el mismo error, porque no ha aprendido, y quien aprende de lo que vive, y después de cada vivencia ya es un ser diferente.

Y el camino siempre es volver a ti.

En este libro, Albert recoge la esencia de psicología, aprendizajes de vida y experiencias en forma de reflexión que ayuda al lector a conectarse con el aprendizaje que no siempre tenemos, con otra mirada a la vida, con vivir lo que estamos viviendo, y además aprender de ello.

No hay mayor libertad que elegir ser tu mejor versión, que decidir crecer, aprender y ser un poquito mejor cada día.

"Volver a ti siempre será el mejor de tus viajes", recogía en mi libro "365 citas contigo"; y lo traigo aquí para recordarnos que Volver a ti siempre será el único camino a la felicidad, pasando por la consciencia, experiencia, gratitud, amor, relaciones conscientes, y desarrollo personal.

Volver a ti implica reconectarte contigo, recordar el camino, transitar un camino por el que nunca antes habías pasado, aprender de él, aprender de ti, generar nuevos vínculos, generar nuevos aprendizajes, pero sobre todo abrirte a nuevas miradas hacia tu interior, explorar y disfrutar del camino y **disfrutar de ti**.

Gracias Albert por retarte ese día de Sant Jordi en el que te dije 'escribe', por compartirte en este libro y cada día, y compartir esa visión que nos ayuda a cuestionarnos y replantearnos nuestro ser, nuestro hacer y nuestra mirada al interior, que es donde de verdad se crece.

Laura Chica
Psicóloga y escritora
Autora del bestseller "365 citas contigo"
(Alienta, Planeta)

Volver a ti.

INSTRUCCIONES

Como habrás descubierto ya, he decidido no poner índice en este libro, y te preguntarás ¿Por qué? Pues porque no quiero indicar ningún camino, sino que me gustaría que el camino lo fueses construyendo tú. Existen muchas formas de leer este libro. Puedes tomar el libro en un momento de tu día y abrirlo por donde sientas y quedarte en esa página, o compartirla en tus redes con el hashtag #volverati, o pasar a otra porque hoy esta no te resuena.

También puedes leerlo desde la primera página a la última, o desde la última a la primera, o empezar por la mitad. Es indiferente.

Lo que deseo realmente es que cada página que hay en él no te deje indiferente y te haga reflexionar y vivir una vida llena de sentido y coherencia contigo mism@.

Gracias por estar aquí.

Volver a ti.

SABER QUE SE PUEDE

Lo sabes.
Yo sé que en el fondo lo sabes.
Lo sabes igual que lo sé yo, porque a todos nos ha pasado.

Sabes que poco a poco has ido vendiéndote y comprando tu pasado. Ese que un día te pasó, pero que no tiene por qué volver a pasar. Y lo sabes.
Al mismo tiempo crees que ya te va bien así y te haces el despistado fingiendo que no pasa nada. Que todo está bien... Pero lo sabes. Sabes que sí pasa. Sabes que lo que pasa, mientras finges que no pasa nada, es tu vida. ¡Tu vida!
Te has llegado a convencer de que tu pasado es el flotador que te mantiene a salvo de todas tus tormentas, y no eres valiente como para admitirlo, soltarlo y nadar lejos de ellas. No pasa nada. Te has creído que es más fácil aguantar la respiración que respirar. Y más cómodo responsabilizar a todos menos a ti mismo, porque no soportarías la culpabilidad de descubrir que es tu mano la que rodea tu cuello. Al fin y al cabo, todos lo hemos hecho alguna vez. Pero la culpabilidad de creer que no puedes hacer nada pesa tanto, que acabará hundiéndote, a no ser que decidas sentirte responsable de tu vida y dejes de apretarte. Soltarte. Flotar. Respirar.

Escúchate. ¿Lo sientes? Sientes que late algo muy dentro de ti que está empujando con fuerza, que quiere romper con lo viejo y salir a dar lo mejor, mostrarse, empezar de nuevo, sobresalir.
¿Y si hoy empezase todo de nuevo?

¿Y si este ahora fuese lo único que eres?
¿Y si no tuvieses nada más que este momento?
¿Quién serías?
¿Qué harías?
¿Sientes el oxígeno de una nueva oportunidad?

Siéntete libre para volver a construir aquello que verdaderamente eres. Tu presente, tu suerte, tu salud, tu felicidad, tu mejor amigo, tu poesía, tu oxígeno, tu vida.

MIEDO

Miedo a perder, miedo a ganar.
Miedo a avanzar, miedo a quedarnos quietos.
Miedo a fallar, miedo a acertar.
Miedo a perder el equilibrio, miedo a mantenernos firmes.
Miedo a descubrir lo que somos, miedo a no ser nada.
Miedo a ser lo que otros quieren, miedo a ser nosotros mismos.
Miedo a lo imposible, miedo a las infinitas posibilidades.
Miedo a que nos juzguen, miedo a ser los jueces.
Miedo a estar dormidos, miedo a despertar.
Miedo a sufrir, miedo a ser felices.
Miedo a que nos hieran, miedo a cerrar las heridas.
Miedo a morir, miedo a vivir.
Miedo a amar por miedo a amarnos.

Albert Ureña

SIEMPRE ESTÁS

Te miro y siempre estás.
Cierro mis ojos y estás.
En mis mejores sueños estabas,
y ahora estás.

Estás cuando me freno
y estás para empujarme.
Estás cuando no veo
y me muestras hacia dónde mirar.
Estás cuando no puedo
y estás para que podamos.

ADUEÑARSE

No eres dueño de él, ni de ella, ni siquiera de lo que está pasando. De lo único que eres dueño es de lo que te sucede a ti mientras te quedas mirando lo que sucede delante de tus ojos. Y ahí, está tu poder. No en mirar, sino en mirarte. No en juzgar lo que te viene y mantenerlo dentro de un molde irrompible, sino mirarlo con la curiosidad suficiente como para no juzgarlo y así poder transformarlo a tu antojo.

Y es justo ahí, en ese mismo instante, donde te has hecho dueño de ti mismo.

Ya no reaccionas como un resorte ante lo que sucede, sino que ahora eres tú quien decide cuándo, cómo, dónde y de qué manera.

Has ganado.
Te has ganado.

Albert Ureña

CAMBIAR EL MUNDO

He visto a tantas personas quejándose del mundo
y tan pocas ordenando el suyo...

He visto a tantas personas quejándose de jefes
sin poder ser jefes de sí mismos...

He visto a tantas personas queriendo cambiar a
todos los demás,
sin darse la opción de cambiarse a sí mismos...

No exijas lo que no has sabido darte.
No prometas aquello que no has sabido cumplir
contigo.
No quieras cambiar el mundo sin cambiarte antes a
ti mismo.

Volver a ti.

Soy parte del infinito y estoy lleno
de infinitas posibilidades.

ESTRELLA

Todos tenemos estrella,
porque no existe nadie que no tenga la capacidad de
brillar.
Pero no todos brillamos.
No porque hayamos perdido la capacidad sino porque
la hemos olvidado.

Nos hemos olvidado de cuidar aquello que nos
entusiasma y nos enciende el alma.
Nos hemos llenado de obligaciones que apagan
nuestro brillo y nos hemos creído como "verdad
verdadera" que ya no podemos brillar.

Pero podemos.
Porque lo que se tiene no se pierde, aunque se olvide.

Volver a ti.

NO SE PUEDE EVITAR LA VIDA

No se puede evitar la vida.
No se puede querer vivir y al mismo tiempo evitar todo lo que nos hace vivir.
Vivir es algo activo.
Activo en el sentido de que es una elección, y elegir, ya es movimiento.
Y aun cuando creemos no elegir estamos eligiendo.

Cuando elegimos movemos energía. Utilizamos nuestra intención para movernos en una u otra dirección en la vida. Y de nuestras elecciones nacen y mueren cosas.

Hay que vivir.
Hay que aprender a gestionar la vida que nos viene y la vida que vamos preparando o adecuando a nuestro mundo interior.

Si queremos bienestar, tenemos que aprender a estar bien.

Estar bien en lo malo y en lo bueno. En lo triste y en lo alegre. En el sol y en la lluvia. En invierno o en primavera.
Nuestro "bien estar" depende mucho de nuestra relación activa con todo lo que nos rodea y si somos conscientes de que podemos elegir sentirnos en cada momento, podemos elegir qué pensamos y de qué forma queremos relacionarnos con el mundo.

Para vivir solo es necesario estar en la vida. Pero para vivir de verdad hay que sumergirse en ella.

Se puede vivir evitando, pero evitando lo malo, nos perdemos también lo bueno.

Volver a ti.

CUANDO PIENSES EN RENDIRTE

Cuando te den ganas de abandonar.
Cuando pienses que ya no vale la pena continuar.
Cuando creas que los resultados no llegan.
Cuando te flaqueen las fuerzas.
Cuando ya no te sientas motivado.
Cuando te cueste seguir.

Recuerda por qué empezaste.
Recuerda qué te movió.
Recuerda de dónde querías salir.
Recuerda qué querías dejar atrás.
Recuerda qué emoción te embargaba cuando decidiste empezar.
Recuerda esa sensación de apostarlo todo por ti.

No te rindas.
Hazlo por ti otra vez.
Eres tu mejor apuesta.

LA VIDA QUE QUIERES
TIENE UN PRECIO

La vida que quieres
te va a costar muchos miedos.

La vida que quieres
te va a costar muchas relaciones que no pueden
acompañarte allí donde tú vas.

La vida que quieres
es la vida que tienes que vivir tú,
no es la que otros quieren que vivas.

Cierra los ojos. Visualiza la vida que deseas.

¿Quién hay contigo?
¿Quién no?
¿Cómo estás?
¿Qué haces?
¿Qué sientes?
¿Quién eres?

Esa es la vida que quieres. Ahora ve y mira la vida
que tienes.
¿Quién hay contigo?
¿Quién no?
¿Cómo estás?
¿Qué haces?
¿Qué sientes?
¿Quién eres?

Entre la vida que tienes y la que quieres, estás tú,
porque tú eres la persona que puede darte la vida
que quieres y la persona que va a vivir en la vida

Volver a ti.

que tienes. No le menosprecies. Eres quien va a salvarte.

NO DEJES QUE ENTRE EN TU MENTE AQUELLO QUE NO QUIERES QUE ESTÉ EN TU VIDA

Aquello que no eres capaz de ver no puede estar en tu vida.
Aquello en lo que no crees no puede estar en tu vida.
Aquello que no sabes no puede estar en tu vida.
Aquello que no quieras crear en tu vida no permitas que entre en tu mente.

Volver a ti.

Lo amo todo tal y como es ahora mismo.

PERDONAR

Si cuando lo ves, lo recuerdas, lo mencionas, no sientes paz;
No has perdonado con el corazón sino solo con la mente.

¿Cuántas veces decimos que hemos perdonado y realmente no estamos en paz?
Si no sentimos paz no hemos perdonado, no nos engañemos más. El auténtico perdón, el perdón de corazón, produce paz infinita.

Cuando somos capaces de perdonar somos capaces de soltar el pasado que nos gobierna y podemos gobernar nuestro futuro.

El perdón es un regalo que te haces tú.

Volver a ti.

INFINITOS

Si solo amas la parte que fui,
no amas mi evolución.
Y si no amas mis cambios
no me amas en absoluto,
sino una parte ínfima de mí.

Solo amando mi presente
puedes llegar a ver todo lo que puedo llegar a ser.
Porque somos infinitos.

Si amas solo lo que ves o lo que crees de mí solo estás amando una parte muy pequeña de lo que soy.

Y esto va también para ti que me estás leyendo.
Si te amas solo en tu pasado o amas más a la persona que quieres ser, estarás solo amando una parte muy pequeña de ti mismo y por lo tanto no te estás amando en absoluto.
Acepta tus cambios, tu evolución, tus nuevas formas de ser.

LA FELICIDAD NO VIENE

La felicidad no viene,
surge de ti.

Nos han hecho creer que debemos esperar la felicidad, que la tendremos cuando seamos capaces de tener un millón de cosas que nos hemos dicho que nos hacen falta para ser felices.
Y no...
La felicidad surge de nosotros, de nuestro profundo deseo de SER felices. De tomar las decisiones adecuadas y encaminadas hacia ella empezando por nosotros.

Date cuenta de que nadie dice "ten felicidad" sino "sé feliz".
No podemos tener felicidad sin ser antes felices.

LO QUE DEBES HACER

Haz lo que sientas que debes hacer y no lo que te dicen que debes hacer.

Tarde o temprano estarás arrepintiéndote de todo lo que deberías haber hecho y todos los que te aconsejaron lo que debías hacer, no estarán ahí para vivir la vida que has elegido y no sentías.

Rompe con todo lo que "deberías hacer"
y crea la vida que tu corazón siente,
porque nadie va a vivir por ti.

CONVERTIR LO MALO

¿Cuántas veces lo malo, con el tiempo, se ha convertido en lo mejor que te podría haber sucedido?

Deja pasar este momento.
No lo niegues.
No intentes buscar razones ni porqués.
Quizá ahora no puedas ver algo bueno en lo malo.
Nadie puede respirar mientras está sumergido.
Sube a la superficie, toma aire, date tiempo.
Espera a que acabes convirtiendo lo malo en lo mejor que te habrá pasado en la vida.

Volver a ti.

Hoy voy a ser amable
conmigo mismo en cada situación
de mi vida.

HUMILDAD

Hay que ser muy humilde para amarse.

Amarse es un proceso.
Amarse es cuidarse.
Amarse es respetarse.
Amarse es abrazarse.
Amarse es no exigirse.
Amarse es elegirse siempre lo mejor.

Para amarse hay que practicar la humildad.
Humildad para cuidarse.
Humildad para respetarse.
Humildad para abrazarse.
Humildad para no exigirse.
Humildad para elegirse lo mejor.

EXIGIENDO

¿No será que todo lo que exiges a los demás es justamente lo que no sabes darte a ti mismo?

He escuchado muchas veces afirmaciones como:
"Es que no me ama como a mí me gustaría".
¿Y tú, te amas como a ti te gustaría?

"Es que no me da lo que yo necesito".
¿Y tú, te das lo que necesitas?

"Necesito que me escuchen".
¿Cada cuánto te detienes a escucharte?

"Necesito que estén por mí".
¿Cuántas veces te das prioridad?

"No me valora como debería hacerlo".
¿Te valoras como crees que deberías hacerlo?

En muchas ocasiones exigimos a los demás que nos den aquello que no hemos sabido darnos nosotros y actuamos desde una posición victimista porque nosotros no hemos sabido hacerlo mejor y creemos que si alguien lo hace por nosotros llenaremos nuestros vacíos.

Tomar la responsabilidad de amarnos, de cuidarnos, de respetarnos, de darnos lo que necesitamos, solo depende de nosotros. Cuando somos capaces de escucharnos y responsabilizarnos por lo que necesitamos, tenemos en nuestras manos las posibilidades de hacerlo.

¿Eras consciente de esto?
¿Qué cosas les has estado exigiendo a los demás por
no darte cuenta de que debías dártelas tú?

Volver a ti.

AMOR LIBRE

No me ames tanto a mí.
Mejor ama mi libertad,
aunque te duela verme volar.

Si el amor no es libertad no has debido amar,
estabas haciendo otra cosa.
Ama la libertad del otro,
aunque te duela.

El amor siempre ha de estar
por encima de todo,
no encima de nadie.

Albert Ureña

RIQUEZA

Si tienes mucho dinero
pero sigues teniendo poco tiempo,
sigues siendo pobre.

La auténtica riqueza es tener tiempo para lo que
uno quiera.
El dinero viene y va, pero el tiempo no se recupera.

TE LO MERECES

Cuántas veces te has dicho...
¿Quién soy yo para conseguirlo?
¿Quién soy yo para merecerlo?
¿Quién soy yo para hacerlo?

Nadie puede tener aquello de lo que no se siente merecedor,
y tú eres merecedor de todo lo que el Universo ha puesto para ti.

Me perdono por no ser perfecto.
Vivo de la mejor manera que sé
en este momento.

Volver a ti.

CONSTRUIR

No se trata de destruir tu pasado,
se trata de deconstruir lo que aprendiste y que
ahora ya no te sirve,
para construir una nueva forma de relacionarte y
estar contigo en el mundo.

No se puede destruir el pasado. No se puede borrar.
Y quien diga que se puede miente.
Tu pasado forma parte de ti, de lo que eres ahora,
de lo que has aprendido a ser.

Hay que aprender a mirar el pasado con amor, porque
de él podemos sacar todo lo que ahora ya no nos sirve
para quien queremos ser en este momento de vida.

Hay que ser valiente para mirar el lugar donde
aprendiste a ser y relacionarte con el mundo y tener la
suficiente humildad como para aceptar lo ocurrido
y aprender de ello.

No se puede construir algo nuevo con los mismos
planos de siempre. Hay que ser capaz de diseñar
planos distintos que nos lleven a construir y crear
cosas distintas.

Al final, cuando consigas resignificar todo lo que
fuiste, podrás empezar a construir algo diferente a
lo que siempre has sido. De tus nuevos mapas
surgirán nuevas formas de construir y relacionarte
con el mundo. Y quizá nada habrá cambiado, solo
tú lo habrás hecho, y sin darte cuenta el cambio de
todo lo externo se dará como consecuencia de todo
lo que has cambiado en ti.

DECISIONES

Estamos hechos de una mezcla de todo a lo que nos hemos dicho NO
y de todo a lo que nos hemos dicho SÍ.

Decisiones.
De lo que aceptas, de lo que no.
De lo que te dices que eres y de lo que no.
De lo que abrazas y de lo que rechazas.
De lo que tomas y de lo que sueltas.

Todo son decisiones constantes y cuanto más consciente seas de las decisiones que tomas en cada momento, más capacidad tendrás para saber qué tipo de vida estás construyendo.

Si te vuelves consciente de que cada decisión está tomando forma en algún lugar de tu vida, y de que tú eres el responsable en gran medida de lo que creas, entenderás que tus decisiones están cambiando ya tu futuro.

¿Qué decisiones puedes tomar ahora que ya tengan un impacto inmediato en tu vida?

DARSE

Si no sabes darte tiempo de calidad,
¿Cómo vas a dárselo a los demás?

Y es que no podemos dar lo que no sabemos darnos a nosotros mismos. No porque no lo tengamos, sino porque no hemos aprendido a hacerlo.

El máximo que podemos dar a los demás es el máximo que nos hemos podido dar a nosotros mismos.

No puedes darles a tus hijos más de lo que tú te das a ti mismo.
No puedes darle a tu pareja más de lo que sabes darte a ti.
No puedes dar a un amigo una amistad más grande que la que tengas contigo.

Pero puedes aprender a dar dándote más a ti.
¿No debería ser fácil si la solución está en darnos más a nosotros mismos? ¿Quién no quiere darse más de todo a sí mismo?

¿Qué excusa te pones a ti mismo para no darte más?

CONTROL

No se puede salir de la exigencia
queriendo tener siempre el control.

¿Cómo suelto esta exigencia?
¿Cómo puedo quitarme esta ansiedad?
¿Cómo paro mi mente?

Soltando el control.

¿Te imaginas estar 24 horas controlando tus pulmones, tus riñones o tu riego sanguíneo? ¿Qué estrés y ansiedad verdad?

Has delegado el control a la vida para que ella haga su trabajo. Has soltado el control.

A veces, nos exigimos tanto a nosotros mismos, que intentamos parar esa exigencia con control y lo único que hacemos es aumentar más nuestros niveles de exigencia y ansiedad. Nos metemos en un bucle infinito del que no sabemos salir.

¿Quieres dejar la ansiedad de lado?
Suelta el control.

¿Quieres dejar que tu mente pare de pensar por ti?
No se puede. La mente es mente y funciona así igual que funciona cualquier otro órgano.
Suelta el control.
Puedes poner conciencia a lo que surge de ella, pero no puedes controlarla.

Volver a ti.

Te voy a contar un secreto. Relájate y toma aire. ¿Estás preparado?

No puedes controlar nada en esta vida así que suelta el control. Libérate de la responsabilidad y la exigencia que te has autoimpuesto y aprende a hacer una gestión de lo que ocurre, no a detener lo que ocurre.

NO SÉ LO QUE QUIERO

Si no sabes lo que quieres
pero tienes claro lo que no quieres,
estás más cerca de saber lo que quieres,
evitando todo aquello que no quieres en tu vida.

Cada día es una nueva
oportunidad.
Elijo hacer de hoy un gran día.

MIEDO A FALLAR

No tenemos miedo a fallar.
Tenemos miedo a quien nos hemos dicho que nos convertiremos si fallamos.

El miedo no es a fallar.
El miedo surge de lo que ya sabemos que vamos a decirnos si fallamos.
Tenemos miedo a convertirnos en alguien que ya predecimos que vamos a ser si fallamos.

Nos han dicho que fallar es malo. Nos han juzgado cuando hemos fallado y aun peor, lo hemos hecho nosotros. Por eso fallar nos resulta tan horroroso.

Lo que no sabemos es que todas las cosas que se han conseguido en este mundo siempre han surgido en un intento expuesto al fallo.
Fallar no es malo.
Lo malo es lo que te dices a ti mismo si fallas.
Lo malo es no darse permiso para fallar porque te estarás perdiendo el intento.
Y el intento es lo que puede salvarte algún día.

A ti, ¿qué te da miedo de fallar?
¿En quién crees que vas a convertirte si fallas?
¿Qué te dices cuando fallas?

No eres tus errores.
Eres lo que haces con ellos.

Volver a ti.

VOLVER A TU PAZ

Aléjate hoy de todo lo que no te produce estar en paz contigo mismo.
Aléjate de tus razones, de tus convicciones, deja de defender todo aquello en lo que crees.
Permítete entregar tu percepción a la verdad y deja que ella sane tu mirada sesgada acerca de lo que simplemente es y está sucediendo para ti.

Perdemos la paz porque nos empeñamos en ver lo que queremos y no lo que realmente es. No quieras convencerte de que aquello que ves te da la razón, porque créeme que vas a buscar miles de razones para poder justificar y creerte que lo que dices es verdad.
Aléjate hoy por un momento de todo en lo que crees. Intenta tener tu mirada lo más limpia posible hacia ti, hacia los demás y hacia el mundo.

Vuelve a tu esencia.
A lo que eres.
A tu paz.
Al amor.

Albert Ureña

AMA A LA PERSONA
EN QUIEN VAS A CONVERTIRTE

Te da miedo intentarlo
porque si se cumple aquello que deseas
vas a tener que ser alguien diferente,
y te da miedo no saber en quién vas a convertirte.

Todos tenemos sueños y deseos. Nos imaginamos en un futuro ideal para nosotros, pero en realidad nos da miedo no saber en quién nos podemos convertir cuando nuestros deseos se cumplan.

Me explico.
Imagínate que tu sueño es ser un escritor famoso y reconocido.
¿Qué pasaría si te dicen que tienes que dar una charla sobre tus novelas y tienes miedo escénico?
¿Qué pasaría si te dicen que tienes que viajar por el mundo y te da miedo volar o tener que dejar de ver a tu familia durante un tiempo?
¿Qué pasaría si en todo eso que sueñas siguen existiendo miedos?

Esta es la razón por la cual muchas personas no consiguen aquello que desean, porque el miedo inconsciente que tienen a ser otra persona los detiene. El miedo a tener que moverse, a gestionar situaciones que desconocen, a no saber qué van a hacer cuando eso ocurra...

No hipoteques tus sueños por tus miedos.
Deja que sea tu luz la que vaya indicándote el camino.

Volver a ti.

Cuando brillamos estamos expuestos a iluminar a más personas y eso puede dar miedo, pero confía, porque quien vive en sus sueños acepta todos sus miedos y los vence uno a uno.

DARSE LO MEJOR

Quizá todavía no te has dado cuenta
pero eres tú quien debe darse lo mejor.

Tú eres quien debe darse lo mejor.
No por obligación sino porque simplemente es lo que te mereces.
No esperes a que alguien venga y te lo ofrezca. En vez de eso sal tú a darte lo que ya es tuyo y que está ahí para ti.

¿Por qué crees que no te mereces lo mejor?
¿Por qué crees que no puedes ir y tomarlo?
¿Quién te dijo que no es tu naturaleza poder tener lo mejor para ti?
¿En qué momento te lo creíste?

Amarse pasa por tener una fe ciega en sentir que lo mejor está ahí para ti y en ti está lo mejor para poder dártelo.
No te lo niegues.

CURARSE

El tiempo puede curar,
pero quién eres tú en ese tiempo determina la
curación.

No es verdad.
El tiempo no lo sana todo.
El tiempo solo es un espacio donde puedes aprender a sanar tus heridas tú mismo.
El tiempo puede ayudarte porque el tiempo tiene la paciencia suficiente contigo como para darte el espacio que necesitas; el espacio para darte cuenta de que tienes el poder de sanarte.

No le dejes al tiempo la responsabilidad única de sanarte.
No te permitas delegar tu vida solo al tiempo.
El tiempo únicamente es una herramienta que debes utilizar para tu beneficio, pero el tiempo no va a hacer que sanes, eso te corresponde a ti.

¿Quién vas a ser en el tiempo que te has dado?
¿Cuánto tiempo necesitas para darte cuenta de que tú eres el alquimista de tu tiempo?

Estoy en el lugar y en el momento adecuado. Todo es perfecto tal y como se me está ofreciendo.

MENTE

El problema es creer que en tu mente no mandas tú.

Tú mandas.
Tú eres el dueño.
Tú eres el que conduce, el que guía y el que tiene las riendas.
Tu mente no está separada de ti. Tu mente eres tú.
Cuanto más pienses que ella es algo externo a ti más lejos escapará de tu control.

Siéntate. Respira. Presta atención. Elige aquello que te hace bien, que te mantiene activo, que te predispone a sentirte mejor, que no te genera miedo, ansiedad ni estrés.
Mantén tu mente en el momento presente, no le permitas que se vaya a lugares donde no puedas estar bien.

Tu vida está aquí.
Tu vida es ahora.

LO QUE TE DICES ES LO IMPORTANTE

Lo realmente importante no es cuántas veces te has caído.
Ni siquiera cuántas veces te has levantado.
Lo realmente importante es cómo te has tratado después de cada caída
y cada vez que te has levantado.

Lo importante es lo que nos decimos después de caer. Lo importante es lo que nos decimos después de habernos levantado.
De hecho, ni caer ni levantarte es lo más importante, lo más importante es:

- **Hablarte de forma positiva.**
  Si te hablas de forma positiva ante lo que sea que te suceda, aumentas las posibilidades de que tus acciones estén destinadas a seguir construyendo aquello que deseas.

- **Perdónate y acepta que puedes fallar.**
  De hecho, fallar forma parte del proceso natural de intentarlo. Fallar es el riesgo más grande que vas a correr, por eso es importante ser compasivo contigo mismo. La compasión y la aceptación propia harán que puedas volverlo a intentar.

- **Valorarte.**
  El valor que te das va a estar asociado a la respuesta que vas a darte justo después de

Volver a ti.

fallar. El concepto que tienes de ti mismo influye en las decisiones que tomas después de caer y después de levantarte.
"No valgo", "No puedo", "No sirvo", etc.

- **Tener un "locus de control" interno.**
  Es decir, creer que tú eres el responsable de lo que te sucede. Si tú asumes la responsabilidad tienes más posibilidades de juzgarte menos y levantarte antes. Si la fuerza está en ti y no la delegas a nada ni a nadie, tú eres el que lleva las riendas de tu vida.

¿Quién vas a ser la próxima vez que te caigas intentando caminar?
¿Qué te vas a decir?
¿Cómo vas a juzgarte?
¿A quién le vas a dar la responsabilidad?

LO QUE CREES

Pierdes más cosas de lo que crees,
por lo que crees.

Una creencia puede hacer que no accedas a determinadas cosas.
Una creencia puede cerrarte puertas y hacer que no puedas ver que tú mismo tienes la llave.
Pero creer también crea.
Y si tú tienes la capacidad de creer, también tienes la capacidad para crear.

BENDICIÓN

Todo esconde una bendición, pero debes abrir tu mente y tu corazón,
para no interferir en lo que el Universo te ofrece.

Nuestro trabajo es no interferir en lo que el Universo nos ofrece.
Si fluyes con lo que te da puedes llegar a ver, con el tiempo, todo lo que te ha ofrecido.

No juzgues el momento.
Ábrete a las infinitas posibilidades.

NADA PUEDE FRENARTE

Nada frena a quien lleva el brillo de la ilusión en sus ojos y la llama de la vida en el corazón.

El amor nos hace caminar.
El amor nos hace romper lo establecido.
El amor nos hace vernos mejor de lo que hemos creído que somos.
El amor nos conecta con algo más grande que nosotros mismos.
El amor lleva la capa de la ilusión y cuando la ilusión se impregna en la mirada, ya no hay nada que te frene.

Ya no hay nadie que te frene porque aquello que te dicen, sabes que no es para ti.
Ya no hay nadie que te frene porque sus miedos ya no te afectan, porque has mirado de frente a los tuyos.

¿Y sabes?
La ilusión te mueve, pero mueve a los demás también cuando la ven reflejada en los ojos de otros.

Ilusiónate. Únete al amor y ama todo aquello que hagas. La ilusión puede darte de nuevo la vida.

Estoy dispuesto a reconocer todo lo
bueno que existe en mí.

Albert Ureña

ACOSTUMBRARSE

Acostumbrarse es otra forma de quitarle brillo
a lo que antes tenía magia.

Nos acostumbramos.
Somos animales de costumbres porque nos gusta la
falsa seguridad que nos da un suelo firme.

Nos acostumbramos, pero no somos conscientes de
que en esa seguridad que hemos construido hemos
dejado de cuidar las cosas que antes tenían brillo.
Hemos ido matando la magia que antes veíamos en
todas las cosas. Hemos comprado seguridad a
cambio de ilusión.

No caigas.
Acostúmbrate, pero no pierdas la costumbre de
verlo todo con los ojos de un mago que todo lo ve
mágico. Aunque ya te sepas los trucos. No te vendas.
Sigue soñando. Sigue creando. Sigue viéndolo todo
con el brillo que le ponías antes. Lo tiene. Lo tienes.

CRECER SIN PRISA

"Tanta prisa por crecer y luego...
Y luego te das cuenta de que seguir siendo niños es
lo más bonito del mundo".

Peter Pan.

¿Cuánto hace que no cantas sin miedo a escucharte?
¿Cuánto hace que no bailas sin miedo a verte?
¿Cuánto hace que no dibujas sin miedo a juzgarte?
¿Cuánto hace que dejaste de vivir con ilusión e
inocencia?

Vuelve a recuperar el entusiasmo que hacía que todo
valiese la pena porque no importaba el resultado.
Vuelve a brillar sin importar a quién le regalas tu
brillo.
Vuelve a verlo todo con los ojos de la novedad y la
curiosidad, como si no lo tuvieses ya todo aprendido.
Vuelve a abrir tu mente al aprendizaje constante y
ábrete a la novedad.
Vuelve a ser esa persona inmersa en el presente,
disfrutando de la vida, con un mundo por descubrir
y todo por conquistar.

No tengas prisa por crecer
porque vas a perderte lo más bonito del mundo.

ENFOCARSE

Cuanta más atención prestes a aquello que no quieres menos espacio dejas para todo aquello que quieres.

Tu atención acaba siendo el imán de tu vida.
Tu atención genera espacio para todo a lo que atiendes.

¿Y a qué estás atendiendo?
¿Cómo vas a conseguir aquello que deseas si solo atiendes a todo lo que no quieres?

Cambia tu atención.
Enfócate solo en aquello que deseas ver, en aquello que deseas sentir y tener.
Amplifica tu vida.
Haz más grande todo aquello que quieras hacer crecer.

BUENAS DECISIONES

Nunca vas a saber si tomaste una buena decisión.
Pero si la tomaste porque creías de corazón que
eso era lo mejor para ti,
fue una buena decisión.

Las buenas decisiones no son buenas cuando dan los resultados que esperas, sino en el momento en el que las estamos tomando.

Si en el momento de decidir, la ilusión gana al miedo, es una buena decisión.
Si en el momento de decidir, la alegría te embriaga, es una buena decisión.
Si en el momento de decidir, te sientes libre, es una buena decisión.
Si en el momento de decidir, te has llenado de amor, es una buena decisión.

Suelta el apego a lo que deberá ser, porque lo que tenga que ser sucederá.

TU NUEVA VIDA

Tu nueva vida va a costarte la vieja.

No existe otra posibilidad. Si quieres una nueva vida el precio a pagar va a ser dejar atrás la antigua.

No se puede construir nada nuevo con lo viejo encima de tus hombros.

Y está claro que podemos empezar de nuevo, pero nunca de cero. No puedes rechazar tu pasado, pero puedes reconciliarte con él para que no acabes construyendo, sin darte cuenta, un futuro calcado al presente que tenías antes de iniciar tu viaje.

¿Qué sucedería si quieres hacer una casa nueva con los mismos planos de la vieja?

Para construir algo nuevo debes cambiar los planos y en tu caso tus planos son tus creencias.

Tus creencias son la realidad sobre la que basas tus cimientos y para ti es el plano desde donde actúas, desde donde sientes y decides.

¿No te pasa que has intentado cambiar, pero sigues obteniendo lo mismo que tenías antes?

Ahora tienes la clave. Quizá es que no has cambiado los planos, las creencias.

¿Qué parte de tus creencias crees que deberías cambiar para que lo nuevo pueda surgir?

Respiro.
Inhalo amor.
Exhalo bondad.

LAS MEJORES RELACIONES

Las mejores relaciones se dan cuando no las buscamos desde un lugar de necesidad.

Las mejores relaciones llegan porque hemos salido a compartir lo que tenemos para dar.
Las mejores relaciones llegan porque no buscamos que nadie nos salve.
Las mejores relaciones llegan para complementar lo que ya somos, no para llenar todo lo que nos hemos creído que nos falta.

Las mejores relaciones llegan cuando la mejor relación que tienes es contigo mismo.

LO LLEVAS DENTRO

La paz que ves ahí fuera,
la llevas dentro.

Aquello que vemos ahí fuera lo llevamos dentro.
Debemos responsabilizarnos de nuestros juicios, de las etiquetas que le ponemos a todo, porque detrás de ellas construimos el mundo que vemos.

No te esfuerces en cambiar todas las cosas que vives ahí fuera, es inútil.
Toma consciencia de que lo que ves es fruto de tus juicios y entonces podrás elegir de nuevo lo que deseas ver.

Eres lo que ves y lo que ves acaba convirtiéndose en lo que eres.
Piénsalo por un instante.

¿Si tu percepción no está en una situación, de qué forma puedes juzgarla? No puedes porque tu mirada no está focalizada en ese lugar e instante.
¿En qué momento vives esa realidad?
Vives en el juicio y no en lo que la realidad es.
Cuando por encima de la neutralidad de la situación tus juicios te dicen lo que es bueno o malo vives según ellos te han dicho.
Sientes rabia, pena, decepción, paz, alegría, ilusión, en función de lo que te has dicho que quieres ver.

Tu forma de ver la realidad determina lo que la realidad es.

EQUIVÓCATE

Equivócate y empieza las veces que quieras.

¿Acaso hay límite para equivocarse y empezar de nuevo? NO.
Pues puedes equivocarte las veces que quieras e intentarlo otras cuantas.

¿Por qué entonces tenemos tanto miedo a equivocarnos si podemos volver a empezar de nuevo?

Porque nos juzgamos. Porque no nos gusta el fracaso. Porque creemos que si fallamos ya no habrá más intentos.

Te diré una cosa. Lo malo del fracaso no es fracasar sino lo que haces después de haberlo intentado. Eso es lo importante. La importancia que le das tú al hecho es lo que va a determinar que te levantes con una sonrisa y lo vuelvas a intentar, o te juzgues y te des por vencido.

¿Cuándo dejaste de intentarlo?
¿Por qué no vuelves a intentarlo ahora de nuevo?

Volver a ti.

TUS ALAS

Nadie va a entender el movimiento de tus alas,
pero es que tampoco van a poder volar con ellas.

Mira al cielo infinito.
Despliega tus alas.
Ábrelas bien.
No pretendas que otros las lleven.
Tus alas son tuyas.
Ellos no pueden volar con ellas.

No les pidas que te entiendan, solo pídeles que te
dejen volar.
Y quizá, al verte volar,
vuelen contigo.

GRACIAS

GRACIAS.
A lo que sea que llegue a mi vida.

GRACIAS.
Porque no sé cómo va a hacerme crecer esta situación.

GRACIAS.
Porque no sé cómo va a cambiar mi vida.

GRACIAS.
Porque yo no sé qué es lo mejor para mí.

GRACIAS.
Por todo lo que voy a dejar ir.

GRACIAS.
Porque quizá es justo lo que necesito y todavía no lo sé ver.

GRACIAS.

Me merezco mi amor.

CAMBIAR

Las cosas que sabes que debes cambiar y no cambias,
te acabarán cambiando.
(y nunca para mejor).

Aquello que tú sabes que debes cambiar porque te
está pinchando el alma,
es justamente lo que no debes demorar o con el
tiempo acabará cambiándote a ti.
Quizá no será fácil. Quizá tengas que arriesgarte a
perder tu estabilidad, pero aquello que deseas
cambiar ya te la ha estado quitando todo este tiempo
sin que te des cuenta.

Sé valiente
Apuesta por ti.
No dejes que lo que sientes que debes cambiar
acabe cambiado la vida que se te ha dado como un
regalo divino.

SER PADRE

Ser padre.
Qué papel más bonito.

Ser la tierra fértil donde puedas florecer libremente.
Intentar no inculcarte mis límites para que puedas elegir y romper los tuyos.
Aprender a mirar y escuchar y separar lo que yo deseo oír de lo que me estás diciendo.
Verte como todas las posibilidades infinitas que tienes a tu alcance y aprender a volver a ver las mías.
Volver a jugar, reír, descubrir, mirar, bailar, aprender y amar a través de tus ojos.
Qué bonito es perderme en tu sonrisa infinita.

Gracias por elegirme.

SANAR EL MUNDO

Cada vez que eliges el amor,
estás sanando al mundo.

Si ante cualquier situación eliges no reaccionar y regalar amor, estarás contribuyendo a sanar el mundo porque estarás eligiendo sanar tu mente.

Regala paz en lugar de guerra.
Comprensión en lugar de juicio.
Amor en lugar de sufrimiento.

Cada vez que eliges al amor,
estás amándote a ti.
Y cada vez que eliges amarte
una parte del mundo está sanando.

DETENERSE

Detenerse también es amarse.

Detenerse también es quererse.
Detenerse y darse tiempo también es respetarse.
Detenerse es inevitable y necesario a veces.
Detenerse te hace adquirir perspectiva.
Detenerse no es abandonar sino simplemente parar
para poder continuar.

A veces no nos detenemos por miedo a que detenerse
pueda verse como abandonar, pero piénsalo.
¿Cuántas veces deberías haberte detenido un instante
y eso te hubiese permitido avanzar sin tanto peso
encima?

Detente.
Respira.
No pasa nada.
Te estás amando.
Empieza de nuevo.

Albert Ureña

EL FUTURO

El futuro no está delante de ti,
sino contigo.

Acojo mi futuro con seguridad.
Soy suficiente.

ILIMITADO

Vives limitado porque te has creído que eres algo con límites.
Y los límites te los has impuesto tú.

Aquello que crees que eres acaba siendo una realidad en tu vida porque acaba manifestándose en ella. Es como si tu estado natural fuese ser un príncipe en un reino y te han hecho creer, y te has creído, que eres pobre.

¿Cómo crees que viviría alguien que se cree pobre? En la pobreza.
Acabarías siendo y tomando decisiones desde la creencia que has construido. Creerías que la pobreza es lo que te mereces porque crees que es lo que eres.

Pero ¿y si de repente vienen a buscarte y te dicen que eres el príncipe del reino? ¡Que todo es tuyo! ¡Que eres abundante! ¡Que nunca has sido pobre!

¿Notas que ha cambiado la energía de todo lo que puedes conseguir?

Eres el Príncipe del reino.
Deja de ser aquello que no eres.
Vive la vida que te mereces porque es la que tu padre ha creado para ti.

EL APEGO NO ES AMOR

*El miedo genera apego
y te lo confunde con amor.*

Nos han hecho creer que cuanto más apego sentimos
más queremos, y no, no es cierto.
El amor no funciona con apego, es el miedo el que
lo provoca.
Cuanto más apegado me siento más miedo tengo.
El miedo nos hace ser capaces de enjaular a alguien
que "amamos".

¿Acaso eso es amor?
No. No lo es. Solo es miedo.

Miedo de no ser sin alguien.
Miedo de quedarme solo.
Miedo de tener que amarme y no saber.

Albert Ureña

COHERENCIA

Aquello con lo que sueñas también te está buscando.
Quizá solo sea cuestión de que la coherencia contigo
mismo te muestre el camino.

Volver a ti.

EL REGALO DE LA VIDA

Es justo ahí,
en ese preciso momento en el que te detienes,
respiras, te conectas,
y te das cuenta de que la vida es un regalo.

Y entonces haces que ya todo vuelva a ser especial.

Toma consciencia de todo el proceso perfecto que se debe de realizar únicamente para que respires y vivas. ¿No es maravilloso?
Mira a la vida de nuevo con ojos de gratitud porque ella está siempre sosteniéndose para sostenerte a ti.

EL CAOS PERFECTO

Lo que verdaderamente nos hace daño
es el convencimiento de que podemos controlarlo
todo.
Y al intentar controlarlo todo
vivimos en un descontrol de nosotros mismos.

Hasta que te das cuenta
de que todo está ordenado en un caos constante.
Y en vez de intentar controlarlo
aprendes a experimentar tu vida en el caos más
perfecto.

Elijo estar en paz.

Albert Ureña

MEJORÁNDOTE

Tú no estás roto,
solo estás mejorándote.

No estamos rotos, estamos mejorándonos.
Que nadie te haga creer que estás roto o eres defectuoso porque eres una creación perfecta.

Tus cicatrices son solo marcas de haber intentado vivir la vida a tu manera y no puedes juzgarte por eso, al contrario, debes celebrar que hayas tenido la fuerza y la voluntad para intentar lo que muchos no se han atrevido.
Recuerda que para que el brillante aparezca hay que tallar la piedra millones de veces.
Así que, cuando alguien te insinúe que estás roto, o incluso cuando puedan surgirte dudas, piensa que, en cada golpe, estás puliendo tu brillante interior.

SI NO PUEDES CRECER

Allí donde no puedas crecer,
no te demores.

Donde no puedas ser tú, donde no puedas crecer, donde no puedas ser feliz, no te demores.

¿Para qué quedarte en un lugar que no te nutre? Busca un lugar fértil para ti.

SI NO CREES EN EL AMOR

Si no crees en el amor, cree en ti,
porque tú eres la confirmación del amor que estás
buscando.

Cuando hayas dejado de creer en todo,
CREE EN TI.
Cuando ya no tengas ganas de buscar más ahí fuera,
encuéntrate a ti mismo.
Cuando hayas perdido ya toda esperanza,
dedícate a ti.

Tú eres el amor.
Estás hecho de él.
Estás viviendo en él con cada bocanada de aire que
respiras.
Si quieres pruebas de que el amor existe, ofrécelo.
Demuéstrate a ti mismo lo que eres de verdad.

ORDEN

El desorden que ves ahí fuera
se soluciona ordenando todo lo que tienes dentro.
Lo exterior es un espejo
de lo que ocurre dentro de nosotros.

¿Cuántas veces has intentado ordenarlo todo en tu vida y al cabo de nada está desordenado de nuevo? Es simple. Todo vuelve a estar exactamente igual que lo que existe dentro de ti y por más que desees ordenar lo que hay fuera, hasta que no seas capaz de tomar conciencia de que el foco del desorden eres tú, todo seguirá desordenándose al cabo del tiempo.

El proceso de orden no es superficial, aunque a simple vista lo parezca. Te has acostumbrado a vivir en el desorden y debes enfrentarte al desorden interno que experimentas y del que no eres consciente.

Todo lo que ordenes dentro de ti acabará ordenando el desorden externo de tu vida.

Albert Ureña

MALOS MOMENTOS

Lo malo no es pasar un mal momento,
lo malo es quedarse a vivir en él.

Todos estamos expuestos a pasar por algún mal momento a lo largo de nuestra vida, e incluso me atrevería a decir que más de uno.

Así que es de suponer que cuanto más nos resistamos a un mal momento más vamos a intentar sostenerlo, y cuanto más tiempo lo sostengamos, más pesado se va a ir haciendo.

Aprendamos a vivir un mal momento igual que un buen momento. Trascenderlo igual que uno bueno. Abrazarlo igual que uno bueno.

Aprendamos sobre todo a no quedarnos a vivir en él.

Volver a ti.

Me lo merezco.
Me lo permito.
Me lo doy.

SUPERÁNDOTE

Nada se consigue superando a los demás,
sino superándote a ti mismo.

Supérate a ti mismo.
Rompe las creencias que te tienen.
Salta los obstáculos que te pones.
Aprende de ti.
Ama cada cambio, cada paso.

Así sin darte cuenta, no lucharás para ser mejor que
los demás sino para ser mejor que tú mismo.

Volver a ti.

EQUILIBRIO

Para aprender a caminar hay que arriesgarse a perder el equilibrio.
Para conseguir tus sueños también.

Albert Ureña

EVENTO NEUTRO

Como te relacionas con lo que pasa
acaba siendo lo que te pasa.

Es curioso, lo que nos pasa acaba siendo el resultado
de cómo nos hemos relacionado con la experiencia
de lo que nos ha sucedido.
Quizá apartarnos, tomar distancia, nos dé una
ventaja para poder decidir de qué forma queremos
relacionarnos con lo que nos está sucediendo.

Quizá no podamos cambiar lo que sucede ahí fuera,
pero podemos elegir lo que nos sucede dentro de
nosotros.
Y al cambiar la forma en la que nos relacionamos
con lo que ocurre,
modificamos lo que está ocurriendo.

Volver a ti.

SI ESTÁ, PUEDE SUCEDER

Si está en tu mente,
tiene espacio para que pueda ocurrir en tu vida.

FLUIR

Fluir no tiene nada que ver con la indiferencia.
Fluir es ser y moverse con lo que está siendo sin
resistencia
pero eligiendo de qué forma me muevo ante lo que
está ocurriendo.

No confundas fluir con pasar de todo o con dar la
espalda a lo que ocurre.
Fluir es un proceso activo porque hay que poner
consciencia en el momento presente y aumentar el
zoom sobre uno mismo para poder elegir de qué
forma respondo ante lo que ocurre.

Fluir es elegir.

Mi corazón
es el centro de mi poder.
Hoy sigo el dictado de mi corazón.

CONTROL

No puedes controlarlo todo.
(De nada).

Quédate tranquilo porque no vas a poder controlarlo
todo.
Ya puedes quitarte ese peso de encima.

No vas a poder controlar ni siquiera tu vida porque
ella decide por ti. Tu corazón va a seguir latiendo,
vas a seguir envejeciendo, tus células van a morir y
van a renacer de nuevo sin que tú puedas hacer
nada al respecto.
La vida va a seguir haciendo mientras tú te entre-
tienes en controlarla.

Céntrate en lo que puedes controlar, en aquello que
depende exclusivamente de ti cambiar. En todo
aquello que eliges conscientemente. Solo allí tienes
el poder de controlar. Todo lo demás va a crearte
sufrimiento.

No puedes controlarlo todo.
Descansa.

EL MEJOR DE LOS REGALOS

El mejor regalo que tienes
es tu tiempo.

Tu tiempo es el mejor regalo que puedes dar.
Tu tiempo es lo que acabarán recordando.
Tu tiempo es el único que tienes y es un buen regalo, porque a pesar de ser finito para ti, puedes hacer que perdure en el corazón de los demás en forma de recuerdos.

El tiempo que dedicas a los demás es tiempo que regalas. ¿Qué puede haber más bonito que regalar algo que sabes que se acaba para ti?

No lo dudes. Regala un tiempo de calidad con los tuyos. Lo importante nunca es el regalo en sí. Nadie ve el tiempo y la ilusión que hemos dedicado al envoltorio. Solemos romperlo, ver el regalo y dejarlo en la mesa. Abrir el siguiente y el siguiente...

¿Sabes qué es lo que yo más recuerdo de la noche y el día de Reyes?

Preparar las cosas a sus majestades: leche, galletas, dulces, y limpiar mis zapatos, colocarlos bien en el árbol, irme nervioso a dormir...

Del día siguiente ¿sabes qué es lo que más recuerdo?
Un juego de pistas que nos hacía y nos sigue haciendo mi padre para encontrar cada regalo.

Al final lo único que recuerdo de los montones de regalos que tuve en mi vida es el tiempo que mis

Padres dedicaban a hacer el juego de las pistas para encontrar cada regalo. ¿Qué simple verdad? ¿Qué mágico no?

Regala tu tiempo.
Es lo único que vas a dejar en los demás para siempre.

Y SI...

¿Y si lo intentas y sale bien?

SIÉNTETE

Siente.
No hagas nada, solo siente.
Siente como todo está bien como está.
Quédate en esa quietud.
Siente tu paz abrazándote.

Todo eso que hay después de todo el ruido.
Todo eso,
también eres tú.

Todo lo que existe detrás de nuestro ruido lleno de juicios, de obligaciones, de deberías, de expectativas, de lo que creemos y de lo que no..., detrás de todo esto está el amor, tu divinidad, la expresión de la vida, la paz, la dicha y la abundancia.

No es fácil dejar de escuchar el ruido porque nos impide sentir lo que somos en realidad y si nos desconectamos de nuestra realidad acabamos viviendo en el ruido.

Siéntete.
Escúchate más, párate más, ten más ratitos contigo, conócete. Solo así podrás ir descubriendo el amor del que has sido creado y con el que has sido bendecido.

Volver a ti.

LA VIDA QUE CREES
ES LA QUE CREAS

En esta vida solo consigues aquello que crees que te mereces.
Todo lo demás se te escapa de tus manos.

Solo podemos agarrar con nuestras propias manos aquello que CREEMOS que nos merecemos, ni más ni menos.

Tú vida está tan condicionada por aquello en lo que crees que no puedes hacerte una idea de todo lo que traes a ella a través de tus creencias.

Mira tu vida.
¿Es el reflejo de cómo un día te sentiste?
¿Acaso no decidiste?
Siempre estamos eligiendo, pero en realidad son nuestras creencias las que eligen nuestra vida por nosotros antes de que hayamos tomado cualquier decisión.
Por este motivo es bueno ser consciente de ellas, replantearlas, resignificarlas, desecharlas y crear nuevas.
Si eres capaz de cambiar una creencia entonces serás capaz de abrir tus manos a nuevas cosas en tu vida.
Lo he visto con mis propios ojos.
Lo he experimentado en mí mismo.

Sacúdete del polvo de tus creencias y empieza a construir tu vida de nuevo.

Hoy permito que mi luz brille.

Volver a ti.

SUFRIMIENTO

El problema de tu sufrimiento
nunca ha residido en el cambio,
sino en la manera en que te has aferrado a aquello
que no querías que cambiara y ya ha cambiado.

NO ESPERES

Puedes quedarte esperando a que tu gran oportunidad aparezca
o puedes crearte tú tus oportunidades
para que tu gran oportunidad aparezca.

Cada final de año es tiempo de propósitos y de nuevos objetivos. Tiempo para reflexionar sobre lo que hemos conseguido y sobre lo que no.
Tiempo para poder poner en marcha un nuevo plan, o para seguir esperando que todo suceda tal y como yo deseo.

Te diré una cosa. Todo está bien. Puedes esperar a que todo suceda de forma natural, o puedes ir dando los pasos que te acerquen a aquello que deseas conseguir.

Puedes ir al río a esperar por si un pez sale del agua, o puedes elegir tirar tu caña de pescar.

Tus decisiones van a marcar tu destino. Si decides esperar acabarás culpando a los peces por no salir fuera del agua, acabarás culpando a la vida, al Universo y le exigirás que te dé de comer porque tienes hambre.

De la otra forma creerás ser el dueño y la fuente de tu vida. Aunque quizá no lo consigas te sentirás realizado por haber intentado pescar. Estarás agradecido a la vida por poder poner alimento para ti y por acompañarte en el viaje. Tú serás el responsable de todas las decisiones que tomes.

Volver a ti.

¿Qué vas a elegir?
Esperar a que todo cambie o cambiar tú para que todo cambie.

SOLTAR

Nadie puede recoger todo lo bueno que le está llegando a su vida con las manos llenas de cosas que ya no le hacen bien.

¿Qué deberías soltar que ya no aporta a tu vida?
¡Suéltalo!

¿Qué quieres que llegue a tu vida?
¡Tómalo!

SOMOS

Somos vidas que se tocan.

Somos luces que alumbran caminos.

Somos manos que quieren tocar sueños y que a la vez temen soltarse.

Somos corazones que desean amar aun sabiendo que pueden acabar heridos.

Somos ojos que reflejan todo lo que somos y tenemos en lo más hondo.

Somos pies deseando caminar senderos nuevos.

Somos temblores en las piernas fruto de nuevos retos.

Somos pensamientos, palabras, miradas, abrazos, idas y venidas, amaneceres y atardeceres, fiesta y resaca.

Somos eso que queremos enseñar y no podemos y eso que no nos atrevemos a mostrar.

Somos vida constante, aunque a veces nos de miedo vivir.

Somos la obra de arte de un mago y el error de un hechicero.

Somos lo que queremos ser y lo que no nos permitimos a la vez.

Somos vidas que se tocan sin tocarse.

El espacio no es el límite para dos almas que desean unirse.

Yo me siento unido a ti en este espacio infinito.

Gracias por haberme abrazado.

DECISIONES

Nadie toma conscientemente una decisión con la intención de hacerse infeliz.

Si lo decidiste es porque creías que te iba a hacer feliz.
Nadie toma decisiones conscientemente en contra de su felicidad.
Otra cosa es que lo que decidiste no salió como tú querías.
No te culpes ni te arrepientas.
Lo que decidiste con el corazón era una buena decisión.

La vida es tan mágica que va a regalarte oportunidades para volver a decidir en favor de tu felicidad las veces que necesites.

Mi vida está llena de abundancia.

TE VA A SUCEDER

Te van a suceder infinidad de cosas.
Vas a tener momentos buenos y malos.
Vas a sentirte triste y alegre. Dichoso y pobre.
Odiado y amado.
Se te van a presentar problemas y oportunidades.
Vas a tener que tomar millones de decisiones.
Vas a ganar muchas cosas y vas a perder otras.
Vas a perderte millones de veces
y vas a encontrarte en millones de cosas.

Estás en la vida y todo forma parte de ella.
No puedes evitar que las cosas sucedan,
pero puedes decidir qué hacer con ellas
cuando se presenten en tu vida.

No evites la vida.
¡Vívela!

Volver a ti.

LA PAZ COMO ARMA

Mis ganas de vivir en paz
están por encima de cualquiera de tus guerras.
Si me permito perder mi paz
estaré dejando que ganes tu guerra
y no podrás ver que existe otro camino.

VETE DE DONDE NO PUEDAS ΛMARTE

Cuando te amas te importas.
Y cuando te importas no te quedas allí
donde no puedas amarte.

Amarte es darte la importancia que te mereces, el valor que te mereces, el respeto y cariño que te mereces.
Amarte es tomar decisiones.
Amarte es permitirte ser mejor contigo mismo.
Amarte es saber qué es aquello que te mereces, e irte de un lugar donde no puedes crecer.
Amarte es dar un paso hacia ti mismo, aunque para ello tengas que alejarte de aquello que te hizo feliz pero ahora no te hace.
Amarte es no conformarte porque conformarte con algo que no deseas y te hace daño es castigarte, y castigarte no es amarte.
Amarte es cerrar los ojos y abrazarte, conocerte, experimentarte.
Amarte es darte cuenta de que no te estás amando porque exiges lo que no eres capaz de darte.
Amarte es avanzar y no quedarte estancado.
Amarte es encontrarte y encontrarte es un viaje que dura toda la vida.

Volver a ti.

TRAE LO QUE AMAS HACIA TI

Céntrate en aquello que amas.
Céntrate en la parte positiva de las cosas.
Mira la parte bondadosa de las personas.
Habla de lo bueno.
Muestra lo bueno que tienes.
Encuentra el amor en todo lo que te ocurra.

Atrae aquello que amas hacia ti.

RIGIDEZ

No se puede ser feliz viviendo en la rigidez.
La clave de la felicidad es la flexibilidad.

Sé flexible.
Cambia de estado y adáptate al medio de la mejor forma posible.
Transfórmate.
No te creas algo rígido y estancado.
Tú eres la flexibilidad, la demostración de la adaptación.
Y cuando eres adaptable dejas de exigir que se cumplan tus expectativas.
Y cuando dejas de exigir puedes encontrar la felicidad en cualquier momento.
Porque cualquier momento vale, sea como sea, venga como venga.

No te preocupes. Lo estás haciendo
bien.

Albert Ureña

NO ESTÁS ROTO

No estás roto ni eres defectuoso.
Solo estás aprendiendo a amarte.

Volver a ti.

YO NO SOY TÚ

Yo no soy tú.
Me libero de lo que tú viviste.
Hoy empiezo mi nueva vida.

Todos llevamos programas inconscientes que se esconden detrás de nuestro árbol familiar y la posible memoria celular que hemos heredado de nuestros ancestros.
Es maravilloso poder descubrir y liberar a tus bisabuelos, abuelos y padres de las cosas que les tocó vivir y que ya no nos pertenecen, pero que igual seguimos llevando inconscientemente.
Qué trabajo más bonito de comprensión, perdón, gratitud y amor.

COMPRENDER aquello por lo que ellos pasaron y ponerte en su piel. Saber que lo que hicieron, lo hicieron lo mejor que sabían y podían en el momento de vida que les tocó vivir.

PERDÓN. Perdonarlos por lo que te transmitieron fruto de las emociones que vivieron y sintieron en sus experiencias vitales.

AGRADECER todo lo que te quisieron ofrecer y de lo que querían salvarte.

Qué acto de AMOR más grande para tu familia, la que se fue, la que está y la que vendrá.

YO NO SOY TÚ.
Te agradezco tu acto de amor, pero no tienes que salvarme de nada.

Lo que tú viviste no tiene por qué pasarme a mí.

Me libero de tus miedos y te libero a ti para que descanses en paz.
GRACIAS, pero ahora os tengo que dejar para crear la vida que deseo y quiero vivir.

Si vas cualquier día a visitar, ya sea mental o presencialmente, a alguno de tus ancestros, incluidos padres y madres, libérate y libéralos.

GRACIAS.
YO NO SOY TÚ.
YO SOY YO Y MI VIDA.

Volver a ti.

LO QUE NO TE DAS

Todas las cosas que no te das,
te las estás quitando a ti mismo.

ERES EL REGALO

Nadie se queda solo con el papel que envuelve el regalo
porque el verdadero regalo siempre está dentro.

La belleza externa es efímera.
Tu belleza interior es el regalo.

Hemos construido una sociedad donde demasiado a menudo le damos más valor al papel que envuelve el regalo que al propio regalo.
Es de locos. Sufrimos por conseguir un estado de perfección que no es real. Perseguimos ideales que no existen porque son tan efímeros como tú y como yo.

Somos holísticos. Un todo. Y si atendemos más al envoltorio que al regalo es porque no conocemos verdaderamente nuestro regalo, aquello que somos en esencia. Y nos desequilibramos.

No le muestres al mundo que vales más por tu envoltorio que por tu regalo.
Busca tu equilibrio y no rechaces ninguna de tus partes, porque todas, en su medida, forman parte del regalo.

Volver a ti.

TU LUZ

*Si algún día sientes que se ha apagado tu luz
no maldigas la luz de los demás cuando la veas.
Acércate a ella.
Las luces de cada uno
no están para quitar brillo a la luz de los demás
sino para recordarte que tú también eres luz
y al mismo tiempo interruptor.*

Todos tenemos luz y al mismo tiempo todos somos nuestro propio interruptor. Hay veces que, mediante otros, dejamos que nos enciendan la luz, pero eso no quiere decir que el interruptor sea suyo, sino que simplemente nos han ayudado a darnos cuenta del brillo que tenemos y podemos dar.

Recuerda esto:
Si se va quien encendió tu luz, la luz no se va con él, la luz se queda contigo.
Porque la luz es tuya, eres tú.

Las personas me otorgan el privilegio de poder acompañarlas a descubrir su luz, esa que ellos no ven, pero yo sé que tienen, porque no existe nadie sin ella. Yo los acompaño a encenderla y a aprender que ellos son el interruptor de su propia luz, porque no puedo permitir que crean que sin mí nunca más van a poder encenderse. Al contrario, me gusta enseñarles a encender su propia luz y mostrarles la capacidad que tienen de poder ser ellos quienes enciendan la luz de los demás.

No dependas de nadie para brillar.
Tu brillo es natural, es lo primero que supiste hacer
y es donde siempre podrás volver.

No pasa nada si te apagas, pero no te olvides nunca
de lo que eres, porque solo así podrás volver a
brillar.

El universo es un lugar seguro,
abundante y agradable.

Albert Ureña

NO TE HACE FALTA

Lo que ya se fue no te hace falta
y lo que te hace falta ya vendrá.

LO QUE DESEAS

Lo que deseas
no llega cuando sientes la necesidad
sino cuando te has convertido
en esa persona capaz de abrazar el deseo
y retenerlo en tu vida.

A veces lo que deseamos no llega a nosotros porque no somos la persona que debemos ser para poder abrazarlo.

¿Si tú fueses un sueño o un deseo, te gustaría llegar a alguien que no está preparado para cuidarte y amarte como te mereces?
Imagino que no.
Pues creo que a ellos tampoco.

Eso que deseas desde la necesidad, eso que crees que necesitas, tan solo te está diciendo ¡tienes que convertirte en alguien diferente para que puedas abrazarme cuando llegue!

SOBRAN

Sobran personas
aparentando no romperse nunca,
demostrándose a sí mismas todo lo que no son,
viviendo una vida que no quieren.

Faltan personas
viviendo desde la autenticidad de su ser,
mostrándose al mundo tal y como se sienten,
aceptándose tal y como son.

NO INSISTAS

No insistas.
La tristeza no puede durar para siempre.
Hay demasiada felicidad rodeándote.

Albert Ureña

SOLO TRES PALABRAS

Tres palabras que pueden cambiar tu vida para siempre.
CREO EN MÍ.

Tú solo pruébalo.
Dilo al despertarte, mirándote fijamente a los ojos frente al espejo.
Siente cómo la fuerza de esas tres palabras cala dentro de ti y te llena de posibilidades.

Es muy importante, que al hacer este ejercicio sientas que te sucede emocionalmente, porque no basta solo con decir las palabras, sino que debes conectar con lo más profundo de tu corazón. Lenguaje, cuerpo y emoción deben ir unidas en coherencia, hablando el mismo idioma.

Prepara tu cuerpo para comportarse como alguien que cree en sí mismo. Es importante que gestualmente lo muevas y lo dispongas para creer en ti. Abre los brazos, cierra los puños, ánclate bien al suelo y grítalo frente al espejo.

Al principio notarás que no te crees lo que te dices y estarás tentado a desistir el primer día. Sigue, no desistas. Practícalo cada mañana. Léete esta página cada día o imprime estas tres palabras y ponlas en algún lugar donde las veas cada día.

Cree en ti. Puedes hacerlo.
Yo creo en ti.

Amo cada célula de mi cuerpo con amor incondicional.

EL MUNDO QUE EXISTE

El mundo que no veo.
El mundo que decido ver
y el mundo que otros me invitan a ver.
Todos existen.

Somos responsables del mundo que vemos.
El mundo que tú ves, el que yo veo y el que no somos capaces de ver existen por igual.
Tratar de entender el mundo del otro es más fácil que intentar convencer a los demás para que miren el mundo como tú lo ves.
Existen muchas formas de entender la vida, la muerte, la enfermedad, la salud, el éxito, el fracaso... tantas como mentes hay en este mundo.
La cuestión está entonces en elegir una visión que a ti te de la paz suficiente como para ver desde lo que la paz y el amor te proponen.
Humildad para entender el camino que otro quiere elegir y amor para acompañarlo.

No importa lo que tú quieras para esa persona, importa que estés al lado y detrás de ella para acompañarla a ver su mundo en paz.

Cuestiona todo aquello en lo que crees y cuando sientas que debes tener razón da un paso al lado y pregúntate si hay otras formas de verlo, si existe alguien que vea el mundo diferente e igualmente puede tener razón en lo que ve. Automáticamente pasarás de querer tener razón a querer tener paz.

Entiendo mi mundo. Entiendo tu mundo.

TU FIESTA

No importa si allí fuera no hay fiesta
cuando uno lleva su propia fiesta dentro.

Es la DECISIÓN de ser feliz lo que construye la felicidad.
La decisión de ver el amor lo que hace estar enamorado.
Es todo lo que decidimos ser lo que nos hace tener dentro de nosotros la fiesta en nuestra vida.

Mira lo que estás viendo fuera para saber qué tipo de fiesta estás bailando dentro de ti.
Y si no te gusta la fiesta que hay...
¡Cámbiala! ¡Crea tu propia fiesta!

LO REALMENTE IMPORTANTE

Lo realmente importante no es tanto cumplir años, sino sueños.

Lo importante no es cumplir años.
Siempre he creído que lo importante es abrir los ojos cada día con un objetivo que cumplir. Ser feliz, estar en paz, regalar tu sonrisa, tu amor, dar lo mejor de ti a los demás.
No siempre lo que sueñas en esta vida se cumple, no todo se te va a dar con la facilidad que a ti te gustaría, pero tienes la gran oportunidad de cambiar y elegir todo lo que quieres sentir en ella. Eso no te lo puede arrebatar nada ni nadie.

Cuando caminas hacia un sueño puedes sentir que algo está cambiando dentro de ti y que eso tarde o temprano se verá reflejado en el mundo.
No dejes de intentarlo porque soñar ayuda. Tu sueño se va a convertir en tu maestro personal y va a ayudarte a centrar tu mente y tus acciones, sea cual sea el lugar en el que te encuentres.
Tu sueño debe ser tu regalo diario.

¡Ese es el regalo que vas a hacerte!
¡Ese es el regalo que vas a darle al mundo!

Volver a ti.

TU TIEMPO

Si no tienes tiempo para lo que quieres,
¿no será que estás dedicando tu tiempo a lo que no
quieres?

Si no tienes tiempo en tu vida para lo que quieres,
¿estarás dedicándolo a aquello que no quieres?
Piénsalo. Es una cuestión de prioridades.
¿Cómo lo usas? ¿A qué lo dedicas? ¿Cuánto lo
disfrutas? ¿Cuánto lo pierdes?

El tiempo está en tus manos y en tus mismas manos
tienes la oportunidad de hacer con tu tiempo lo que
desees.
Si lo malgastas haciendo cosas que no te hacen feliz
está bien, es tu tiempo.
Si lo usas para intentar hacerte feliz, bien también,
es tu tiempo.
Si lo utilizas para juzgar, criticar, quejarte... está
bien, es tu tiempo.

Sé consciente de la utilidad que le das y de la
responsabilidad que tienes de tu tiempo.
Deja de cargar la responsabilidad de tu tiempo a
trabajos, personas...
Es tú tiempo.
El reloj sigue contando.
Haz que cuente a tu favor.

PONTE EN SUS ZAPATOS

En lugar de juzgarlo, ponte sus zapatos.

Te propongo que visualices en tu mente a todas esas personas a las que juzgas y te preguntes:

¿Por qué es como es?
¿Qué lo ha llevado a construir ese mundo de creencias?
¿Por qué hace lo que hace?
¿Por qué siente como siente?
¿Qué ha vivido?
¿Cómo lo ha vivido?

Estamos acostumbrados a juzgar los zapatos de los demás en vez de probárnoslos e intentar caminar con ellos antes de hacerlo.
Juzgar hace que te pierdas en tus juicios y dejes de conocer y ver la luz que esa persona viene a darte.
Quizá ese que juzgas te está enseñando la paciencia que debes tener contigo mismo.
Quizá te muestra que debes marcarte los límites que no sabes poner.
Quizá te muestra el amor y respeto que no sabes darte.
Quizá aquello que tú no te atreves a hacer.
Quizá si te dieras la oportunidad de caminar con sus zapatos te darías la oportunidad de averiguar qué es lo que estás juzgando en él que no ves en ti.

Antes de mirar con un dedo acusador, recuerda que, al señalar, tres dedos te están señalando a ti mismo.
Tus juicios hablan mucho más de ti que de la persona que señalas.

Me amo, me acepto, me perdono y
me cuido.

EXPRIME LA VIDA

La vida es como una naranja.
Si no la exprimes te pierdes su jugo.

Volver a ti.

EL PESO DEL PASADO

Te dejará de pesar
cuando puedas recordarlo con gratitud y no con
dolor.

Cuando somos capaces de ver las situaciones de otra forma.
Cuando somos capaces de elevarnos por encima de nuestro pasado y darle otro significado, deja de pesarnos.
Es en ese justo momento cuando podemos adentrarnos en nuestro futuro con todas las fuerzas de crear lo mejor de él, porque si no, seguiremos anclados a nuestras dudas, miedos e incertidumbres.

Mira a tu pasado a los ojos.
Lo que fue ya pasó. Ya no existe.
No puedes hacer otra cosa. No puedes cambiarlo.
Acéptalo.
Agradécelo.
Perdónalo.
Perdónate.
Suéltalo.
Libérate.

Albert Ureña

SEMILLA

Todos somos como esa bellota
que guarda dentro de sí misma la posibilidad de
convertirse en un gran roble.

El poder de todo héroe reside en aquello que parece
lo más pequeño.
Una diminuta bellota puede llegar a ser un gran
roble.
Si la bellota está destinada a poder ser roble, tú, que
fuiste creado de la misma magia, puedes llegar a ser
lo grande que estás destinado a ser.

Si eres capaz de ver el roble en la bellota eres capaz
de ver la magia de la vida.
Y esa magia te está abrazando a ti también.

Volver a ti.

NO HAS PERDIDO LA MAGIA

No has perdido tu magia,
solo has dejado de creer en ella.
La magia solo está esperando a que vuelvas a
mover tu varita.

La magia se tiene siempre,
solo hay que volver a utilizarla.
Y cuando se usa,
automáticamente se te da.

PÓRTATE BIEN

Pórtate bien.
(Sobre todo contigo mismo).

Porque sí.
Porque hay que mimarse.
Porque tenemos que aprender a hacerlo.
Porque es necesario no hablarse mal.
Porque es vital amarse.
Porque te va a hacer bien.
Y punto.

Tengo el poder de cambiarme
a mí mismo.

LA FUERZA DEL AMOR

Cuando no te queden fuerzas para continuar
conéctate con el amor.
Él tiene una fuerza infinita.

Cuando creas que no te quedan fuerzas para seguir, ya sea en un proyecto personal, en una relación o contigo mismo… conéctate con la fuerza del amor.
Pregúntate: ¿Qué haría el amor aquí?
Conecta con esa fuerza ilimitada y abundante que es el amor.
Conecta con esa parte infinita que eres y tienes.
Conecta con esa parte que te empuja siempre hacia un bien mayor y hacia un bien común.
No existe nada en este mundo que el amor no pueda volver a construir y sanar. Nada.
Sé el amor que necesitas darte.

Volver a ti.

PERSONAS ESPERANZA

Hay personas que hacen de una despedida un canto a la esperanza.
Esas personas llevan una fiesta dentro.

Hay personas que son capaces de cambiar una despedida por un canto de esperanza.
Hay personas que dejan de ser ordinarias y pasan a ser guías extraordinarias hacía nuestra propia luz interior.
Esa clase de personas, que tienen la bondad y humildad suficiente como para poder apagar su luz y dejar que las demás sigan brillando con más y más fuerza.
Esas que te cambian y te mueven algo por dentro hasta sin tener la intención de hacerlo.
Eso es ser extraordinario.
Hacer de lo ordinario un salto hacia la magia.

APRENDER NO ES PERDER

No pierdes nada cuando lo has intentado,
porque cuando se aprende del intento,
todo se ha ganado.

Cuando se aprende todo se gana.
Así que no te lamentes más por haberlo intentado.
Incluso si no salió bien, seguro que te has llevado
un montón de aprendizaje del que puedes aprovechar
para las siguientes veces que lo intentes.

Intentarlo es de personas valientes abiertas a
descubrir qué es lo que sucede si se falla.
Todo guarda un aprender dispuesto a enseñarte de
lo que eres capaz.

DESPEDIRSE

Lo difícil no es despedirse.
Lo difícil es no saber qué va a venir después.

Lo que de verdad nos cuesta de las despedidas es no saber lo que va a venir después, más que la despedida en sí.

Nuestra comodidad nos impide ver todo lo bueno que nos puede traer la despedida.

Piénsalo.

Seguro que tienes un montón de momentos en los que al soltar eso que creías que te daba la alegría, con el tiempo, se ha convertido en lo mejor que te ha pasado.

La incertidumbre es lo que muchas veces nos agarra a nuestro pasado.

Un futuro incierto es lo que no somos capaces de ver y muchas veces preferimos quedarnos con lo que tenemos, a pesar de que no nos hace felices, por creer que no podemos soportar toda esa incertidumbre que nos espera.

Pero mira, tu presente es una incertidumbre, la vida lo es.

Nunca sabes qué va a pasar al minuto siguiente ¿no?

Acabas entonces de darte cuenta de que llevas toda tu vida sabiendo gestionar tu incertidumbre.

¿No es maravilloso? ¡Ya lo has estado haciendo!

No malgastes tu tiempo viviendo una vida que no es para ti, solo por el miedo a vivir otra mejor que aún no conoces.

MONSTRUOS

Cuántos monstruos has tenido viviendo debajo de tu cama y al atreverte a mirar ya no estaban allí.

Todo es más grande en tu cabeza.

Todo tiende a dimensionarse en nuestra mente.
Ni tus miedos son tan grandes ni tus sueños son tan pequeños.
Atrévete a mirar debajo de la cama y descubrirás que aquello que tanto temes es siempre mucho más pequeño que la grandeza que tú tienes.

Volver a ti.

Todo está bien.

BATALLAS

Las mayores batallas las librarás en tu mente.
Las mayores victorias las ganarás en tu mente.
Las mayores derrotas las vivirás en tu mente.

Una mente entrenada.
Una mente educada para ver el amor en cada situación.
Una mente enfocada en las posibilidades y los recursos personales.
Una mente sana, te genera felicidad, te hace creer en ti, te ayuda, te acompaña y te abraza.
Nunca te digas "Yo soy así".
No te definas.
Te has creado así porque has creído que eso es tu verdad.
Dale a tu mente el permiso para creerte de otra forma y tu vida la seguirá.

ERES ÚNICO

Nada es como tú.
Nadie es como tú.
Nadie ha sido como tú.
Nadie será como tú.

Ahora dame una razón por la cual no crees que eres único.

Somos ediciones limitadas de este planeta.
No malgastes tu vida comparándote, haciendo cosas que no amas y viviendo una vida que no deseas para ti.
¡Créete de una vez que eres ÚNICO!

HACERSE MAYOR

Hacerse mayor
no es cargarse de responsabilidades
y vaciarse de sueños.

¡Que no te engañen!
Hacerse mayor no es vaciarse de sueños y llenarse solo de responsabilidades.
Hacerse mayor sigue siendo una oportunidad para seguir soñando, apostar por aquello que te despierta la alegría y la ilusión.
No compres todo aquello que el mundo dice que debe ser.
Todavía tienes y tendrás la capacidad para poder elegir quién quieres ser cuando te hagas mayor.
¿Vas a olvidarte de eso que te hace despertar del sueño en el que te han metido?
¿Vas a permitirte dejar de vivir como sientes porque algunos digan que no es posible?
Yo no.
¿Y tú?

Haz de este sueño que es la vida un sueño feliz.

Volver a ti.

SIEMPRE EXISTE UNA MANERA

No menosprecies todos los recursos que tienes a tu alcance.
Si de verdad quieres hacerlo, siempre habrá una forma.

A veces nos detenemos y no avanzamos por pensar que debemos tener perfectamente ordenado y preparado todo lo que hemos planificado para que pueda surgir lo que queremos hacer.
Hay días en los que te despiertas y todo lo que tenías perfectamente planificado da un giro de 360 grados.
Todos tus planes ya han cambiado.
¿Puedes hacer algo?
Sí. Si miras bien todo está a tu alcance para alcanzar tu fin.

¿No te ha pasado que has dejado de hacer aquello que te apetece hacer, porque simplemente crees que no tienes los medios perfectos que te gustaría tener?

Pues yo te digo ¡HAZLO!
Hazlo con lo que tengas a tu alcance.
Si de verdad quieres algo, encontrarás la forma y surgirá la magia del ingenio para hacerlo.

QUE LA ACTITUD TE ACOMPAÑE

Cuando la suerte no te acompañe
haz que te acompañe tu actitud.

No es cuestión de suerte, a veces es cuestión de actitud.

Hay personas que tienen las oportunidades delante y no las aprovechan.

Oportunidades que para otros serían un gran golpe de suerte.

¿Qué diferencia la suerte de cada uno?

¿Qué es para ti tener suerte?

La suerte, como todo en esta vida, depende más de nosotros mismos que de la propia suerte.

Si quieres tener suerte, entrena una buena actitud en tu vida.

Amo mi vida
y todas las cosas magníficas
que hay en ella.

Albert Ureña

CONFUNDIDOS

No se puede morir de amor
porque el amor nos invita siempre a vivir.
Y no se puede morir de algo que te da la vida.

MIEDO O AMOR

No podemos vivir en dos lugares a la vez.
O vives en el amor o vives en el miedo.
¿Desde dónde eliges vivir?

Conscientemente no podemos vivir o estar en dos sitios al mismo tiempo.

O bien estamos focalizando hacia un lado o hacia el otro.

O bien vamos para adelante o para atrás.

No podemos estar haciendo, viviendo o pensando en dos cosas a la vez.

Por eso es tan importante nuestra forma de enfocarnos y ELEGIR qué es lo que queremos vivir en nuestra vida.

Nuestra intención, nuestra manera de enfocar las situaciones de nuestra vida, van a determinar cómo vamos a vivir los momentos siguientes, incluso llegándolos a condicionar por nuestro estado de ánimo anterior.

Aquél que se enfoca en el miedo:

- Teme perder relaciones y las manipula.
- Teme perder un trabajo y no se prepara para poder dar lo mejor.
- Teme no ser aceptado y deja de ser él mismo con tal de sentirse reconocido.
- Teme pedir ayuda por miedo a sentirse incapaz.
- Teme fallar y deja de intentarlo.
- Vive todos los encuentros desde la desconfianza.

- Vive una vida detrás de un telón y se pierde ser el protagonista de la función.

¿Quieres eso?
¿Quieres vivir desde el miedo?

Está bien, es totalmente lícito, pero recuerda que es tu elección. No culpes a los demás de tus decisiones enfocadas en no ser aquello que realmente eres, porque estás eligiendo.

Pero lo cierto es que eres amor y en cualquier momento puedes pararte a reconocerte.
Quizá has estado confundido durante mucho tiempo pensando que el miedo es lo que te protegía. No pasa nada. Vuelve a elegir. Y cada vez que te confundas, vuelve a elegir el amor porque el amor es lo único que va a salvarte.

Retira el telón.
Observa.
Hay un mundo esperando a que le des lo mejor de ti.

Volver a ti.

ESPERÁNDOTE

Llevo tanto tiempo esperándote...
¿Cuándo te darás cuenta de que sin ti no puedo crecer?
¿Cuándo entenderás que solo con desearme no es suficiente?
¿Cuándo te decidirás a despojarte de todos esos miedos que nos frenan?

Yo te seguiré esperando.
Porque te amo.
Ahora solo falta que despiertes.

Firmado: Tus sueños.

Albert Ureña

NADIE NOS ENSEÑÓ

Nadie nos enseñó a decir ME AMO
antes que TE AMO.
Y así aprendimos a amar para ser amados.

Volver a ti.

BÁILALE A LA VIDA

Hoy un niño ha pasado como dando saltitos justo delante de mí y me ha dejado, de golpe y sin avisar, frente al niño que también fui.
¿En qué momento dejé yo de ir por la vida así?

Quiero pedirte que sigas bailándole a la vida, siempre, aunque crezcas.

Estoy agradecido por todo lo que
experimento en esta vida.
Yo crezco y progreso
todo el tiempo.

BRÚJULA CORAZÓN

No vayas por un camino
en el que el corazón no sea el protagonista de tus
pasos.

Hay dos tipos de caminos, unos con corazón, aliados de ilusión y de esperanza, y otros sin corazón.
¿Y cómo sé si mi camino lleva corazón?

- Los caminos sin corazón no ilusionan, siempre parecen lo mismo, la rutina invade cada paso.
- Frente a cualquier problema no dan ganas de buscar soluciones.
- La motivación pasa de ser algo interno a algo externo y cuando eso ocurre ya no hay nada de fuera que acabe llenándote.
- La resignación acaba formando parte de cada paso y acabas creyéndote que este es el único camino que existe.

Busca el camino con corazón y camina con él con la seguridad de que caminas sobre un manto de confianza. La confianza que te has dado a ti mismo por hacer aquello que amas.

EL PODER LE LAS PALABRAS

No existe ninguna palabra
que tenga el poder de hacerte daño.
A no ser que tú se lo des.

Las palabras solo tienen el poder que tú mismo les das.
Por ellas mismas no pueden hacerte daño ni salvarte, pero si tú les otorgas ese poder, las palabras se convertirán en tu peor enemigo o en el mejor de tus aliados.
Utiliza bien las palabras.
Ayúdalas a ir en tu beneficio.
Deja que creen un mundo en el cual te sientas libre para vivir.
Presta atención a la intención que le das a cada una de las palabras que te dices.
Porque aquello que te dices acabará siendo la realidad que creas.

POR NO DECEPCIONAR

¿Cuántos sueños te has negado por no decepcionar a los demás?
¿No te has dado cuenta de que lo único que has conseguido es decepcionarte a ti mismo?

Ten cuidado.
A veces, por no decepcionar,
acabas decepcionando a la persona más importante de tu vida.
TÚ.

Albert Ureña

TRANQUILO

Tranquilo.
Nada de lo que existe en la vida está controlado.
La vida crece en medio de un maravilloso caos.
No puedes controlar nada.
Disfruta del descontrol.

Volver a ti.

MI MEJOR REGALO

Le quise dar el mejor regalo que tengo.
Le ofrecí mi tiempo.

Hoy voy a sentirme vivo en cada momento de mi vida.

ESTANCADO

*Cuando creas que te has estancado
recuerda que una mariposa no puede volver a ser
oruga.
Todo lo que hagas te hará crecer.*

Una vez eres mariposa, por más que pienses que puedes volver a ser oruga, nunca podrás volver a serlo.

No puedes volver a estados anteriores de tu vida.

Todo lo que has crecido, en todo lo que te has convertido, ya no va a cambiar.

Ya nunca más volverás a ser oruga.

Y aunque no te creas mariposa es lo que estarás siendo.

No tengas miedo a crecer y no tengas miedo a estancarte, porque siempre, aunque no quieras o no lo veas, vas a estar creciendo.

Albert Ureña

OJALÁ PUDIESES VERTE

Ojalá pudieses verte siempre
con los ojos del que te admira,
con las ganas del que te espera,
y con la paciencia del que te ama.

Volver a ti.

CUANTO MÁS TE DAS MÁS RECIBES

Cuanto más he amado
más amor he sentido.
Cuanto más feliz he sido
más felicidad he sentido.

Quizá solo se trate de SER
aquello que deseo vivir.

Albert Ureña

TENEMOS LO QUE SOMOS

Nunca podremos tener
aquello que nosotros no somos.

No podemos alcanzar aquello que no somos.
¿Cómo podrías tener aquello que no crees merecer?
¿Cómo vas a tener aquello que tú mismo no estás dispuesto a ser?
Así actúa nuestro mapa mental.
Nos dice a lo que podemos llegar y a lo que no, lo que podemos ver y lo que no, lo que podemos ser y lo que no.
Por eso es tan importante poner todas tus creencias encima de la mesa y empezar a averiguar qué estás creando en tu vida.

Pensamos que cambiando solo nuestras acciones podremos cambiar nuestra vida, pero no es así.
Antes, necesitamos cambiar todos aquellos patrones mentales que pronto nos hacen volver al mismo lugar de siempre.
¿Por qué?
Pues porque nuestros mayores cambios existen a niveles que no somos capaces de ver.
Existen en nuestra forma de ver y entender el mundo.

Cambia tu forma de ver y cambiarás tu forma de ser.
Lo que eres te acercará a lo que quieres.

Volver a ti.

LO TENGO TODO

No necesito nada.
Vivo acorde a lo que la vida me trae.
Puedo tenerlo todo si lo miro tal y como es
y no como yo quiero que sea.

He dejado de querer cambiar las cosas
y sin darme cuenta me he cambiado a mí mismo.

Cuando no necesito nada
lo tengo todo.

El universo me provee de todo lo que necesito.

Volver a ti.

NO SEAS TÚ EL PROBLEMA

No te conviertas nunca en tu propio problema.
Tu mente siempre debe ser tu aliado en la solución.

Nunca te permitas ser tú tu propio problema.
Tú mente debe formar parte en la gestión de la solución.
¿Cómo?

- Entrena tu mente para la paz.
- Enfócala siempre hacia donde quieres ir y lo que deseas conseguir.
- Mantenla descansada y libre de juicios hacia ti mismo.
- Utilízala siempre a tu favor.
- En caso de error vuelve a enfocarla hacia las posibilidades.

Recuerda que tu mente eres tú. No hay nadie que pueda controlarla. Tú tienes el absoluto control de tus pensamientos.

Si eres dueño de tu mente aprenderás a gestionar tus miedos, tus errores, tus juicios... y harás de ti mismo tu mejor solución.

PALABRAS QUE SALVAN

Hay personas que se han salvado con un simple
CONFÍO EN TI.
TÚ PUEDES.
TE ACOMPAÑO.

Si regalar consistiese en dejar huellas bonitas en el corazón,
te regalaría un "tú puedes" cuando creas que ya no hay nada más que hacer.
Un "confío en ti" para cuando pierdas la fe en ti mismo.
Un "te acompaño" para sostenerte en el camino y abrazarte cuando lo hayas conseguido.

Volver a ti.

CONFÍA

Cuando creas que ya lo has intentado todo....
todavía puedes hacer algo más.
SUELTA Y CONFÍA.

Confiar...
Cuánto cuesta confiar.
Existen momentos en que por mucho que creas que ya lo has intentado todo, lo único que te queda y lo único que tienes es CONFIAR.
Confiar en que estás en las mejores manos.
Confiar en que todo irá bien.
Confiar en que tu estado mental beneficiará a alguna parte de tu vida.
Confiar en la grandeza.
Confiar en la abundancia.
Confiar en la divinidad.
Confiar en la esperanza.
Confiar en que, a pesar de todo, siempre puedes volver a confiar.

ABRIGOS

Hay abrigos que se esconden
tras un abrazo.

Esos abrigos
que te protegen,
te envuelven,
te sostienen,
te mantienen,
te dan paz,
te tranquilizan,
te dan calor,
que se convierten en la mejor de las medicinas.

ABRAZA.
Tu vida te lo agradecerá.

MILAGRO

*Se pasó la vida esperando un milagro
sin darse cuenta de que el milagro era él.*

Deja de mirar al cielo pidiendo algo que ya tienes.
Tú eres el milagro.
Tú eres el encargado de traer el cielo a la tierra.
Ya te lo dieron todo.

Mírate bien.
Observa si no es un milagro cómo la vida pasa en ti
cada milésima de segundo y ni tan solo eres
consciente de estar viviendo.
Nota cómo cada célula cambia para ti,
cómo cada órgano trabaja por ti.

Eres el milagro de la vida.
Valórate como tal.

Tengo todo lo que necesito para ser feliz ahora mismo.

Volver a ti.

AYUDA (TE)

La mejor forma de ayudar a los demás
es ayudándote a ti mismo.

Cuanto más te ayudes a ti mismo mejor estarás para poder ofrecerte a los demás.
No existe otra forma de dar lo mejor que no sea dándotelo primero a ti mismo.
Darte lo mejor no es egoísmo, es un acto de amor hacia ti y hacia los demás.

Mejórate.
Aprende.
Desarróllate.
Cuestiónate.
Arriésgate.
Siéntete.
Ayúdate.
Ámate.

LA BELLEZA

La belleza de las cosas
existe en los ojos de quien la quiere ver.

Aprendamos a mirar con buenos ojos y seamos capaces de encontrar lo bello en cada cosa. Porque la belleza no es algo que se tiene, sino algo que se quiere ver.
Mira la belleza que hay en ti.
Mira la belleza que hay en ellos.
Mira la belleza que te rodea.
Encuentra un mundo bello en ti.

AMOR LIBRE

Te elijo, me dijo.
Y desde ese mismo instante empezamos a disfrutar
de un amor elegido, libres de las cadenas de la
necesidad.
Libres de nuestra mirada hacia lo incompleto.
Libres de nuestra mirada hacia los cambios.
Libres de amarnos sin medida.

Porque cuando uno ELIGE no se esclaviza a la
necesidad.
Estoy contigo porque te elijo,
no porque te pertenezca,
no porque tenga miedo,
no por estar acompañado...

Estoy porque QUIERO quererte y no porque TE
QUIERO.

TODO TE PERTENECE

Quizá nada sea tuyo,
pero todo te pertenece.

Créete merecedor de todo lo que hay,
porque toda la abundancia que existe
se puso para ti.
TODA.

Muchas de las cosas nos parecen inalcanzables
porque no nos creemos merecedores de tenerlas,
porque no nos creemos merecedores de tenerlas.
Tus creencias definen la realidad que vives y el
grado de las cosas que puedes merecer,
pero que no las tengas no quiere decir que no
tengas acceso a ellas.

Volver a ti.

LOS GRANDES VIAJES

Todos los grandes viajes
han empezado con un "TODO IRÁ BIEN".

Y todas las grandes cosas
se han conseguido desde un
"ME PERMITO FALLAR".

Cuando te das cuenta
de que no te falta nada,
el mundo entero es tuyo.
(Lao Tze).

TUS CIRCUNSTANCIAS

Mira tus circunstancias
como maestros que vienen a enseñarte valores
como la valentía, el amor, el perdón, la grandeza,
la paciencia...

Nos son las circunstancias las que marcan tu destino.
Eres tú en las circunstancias el que tomas un camino u otro.
Aprende a ver lo que las circunstancias te traen.
Aprende aquellos valores que las circunstancias requieren de ti.
Todas las personas y situaciones que se presentan ante ti están requiriéndote algo.

¿Quién debo ser yo en esa situación?
¿Qué debo aprender?
¿Qué debo dar de mí?

TU VERDADERA FUNCIÓN

Nacimos para ser libres.
Vinimos aquí con la única función de amar.
Amarnos a nosotros mismos.
Amarnos los unos a los otros.
Amar lo que somos, lo que fuimos, lo que seremos y lo que nunca llegaremos a ser.

Solo hace falta cerrar los ojos por un instante y dejar de ver lo que estamos proyectando de nosotros en el mundo, para poder ser conscientes de quién realmente somos.
Detenernos... y por un instante recordar que no somos lo que vemos, que somos aquello que nos hemos creído que somos.

Deberíamos reconciliarnos con nuestra divinidad más a menudo de lo que lo hacemos y retomar nuestros momentos de paz interior.
Empezar a cuestionarnos lo que somos,
lo que hemos aprendido a base de las experiencias que hemos vivido,
lo que nos han enseñado a creernos y lo que hemos aprendido a creernos por nosotros mismos.

Desaprendamos.
Desaprendamos y cambiemos.
Volvamos a ser libres.
Reconciliémonos con nosotros mismos en cada momento y vivamos acorde a lo que el corazón nos levanta las ganas de volar.

Cambiemos constantemente.
No nos definamos.

Volver a ti.

Cambiemos las veces que lo necesitemos.
Volvamos a empezar de nuevo.
A verlo todo de nuevo, a hacerlo todo de nuevo.

Aceptémonos.
Amémonos.
Perdonémonos.
Vivámonos.

NO HACER NADA

Cuando no hago nada tengo la extraña sensación de estar en todo.

Cuando creo que no pasa nada está sucediendo todo.

Cuando me siento solo lo tengo todo en mis manos.

Cuando me paro todo sigue estando ahí para mí.

Cuando tengo miedo el amor viene a abrazarme y a decirme "tranquilo, yo sigo aquí, nunca me he ido".

Cuando me invade la paz entiendo que es todo lo que me hace falta, porque desde ese lugar puedo sentir mi divinidad.

Dejo mi mente a un lado y me dispongo solo a sentir.

A darme cuenta de que estoy viviendo.

A ser la vida misma.

Volver a ti.

LO IMPORTANTE NO ES LA MUERTE

Nada es tan importante como la vida,
ni siquiera la muerte.

Y por desgracia tenemos más miedo a morir
que no a no haber vivido.

Debería darnos más miedo no haber vivido que morirnos. Al fin y al cabo, lo único que conocemos es la vida.
¿Para qué tanto miedo a la muerte si no es para darnos cuenta de que no hemos vivido como realmente deseamos y nos merecemos?

Ese miedo que sientes cuando miras a la muerte no es más que un aviso de que tienes que vivir.

GRANDEZA

Solemos engañarnos
con un bienestar enfocado en la mediocridad.
En no romper moldes, en intentar siempre encajar.

Cuando el "bien-estar"
viene de un lugar llamado grandeza.
Y allí, no se atiende a los límites.

No puedo cambiar a otras personas. Dejo a los demás ser como son y simplemente me amo tal como soy.

A LA ALTURA DE TUS CREENCIAS

Nadie apunta más alto
de lo que cree que puede llegar.

Quizá haya que creer en uno mismo
un poquito más.

Así que antes de apuntar a un objetivo
revisa hasta dónde alcanzan tus creencias.

NADA ES PERMANENTE

*Nada de lo que está sucediendo en este instante
es permanente.
Todo en esta vida cambia.
Nada se mantiene igual.
Todo se transforma.*

La vida no se hizo para permanecer sino para aprender.
Y para aprender no sirve lo estático, se necesita de movimiento.
Cambiar lo que ya sé por algo nuevo.
Dejar lo que he sido por quien quiero ser.
Desaprender lo que he creído por nuevas formas de creer.

No te aferres a lo que puedas estar viviendo hoy porque no es definitivo. No hagas que así sea. Nada permanece inmóvil en esta vida, todo se transforma, todo cambia, todo evoluciona.
Tú ya no eres el mismo de ayer,
ni si quiera eres el mismo después de leer lo que te propongo.

Algo ya ha está cambiando en ti.

ENFÓCATE

Una mente centrada en lo que puede salir mal
no puede atender a lo que está saliendo bien.

Enfoca tu mente
hacia lo que quieres vivir en tu vida.

Tenemos una mente que funciona como un foco.
Allí donde ponemos nuestra atención es donde vivimos.
Recuerdo haber estado en el mismo tiempo y lugar con alguien, y pararnos a recordar lo diferente que vivimos los dos las cosas.
¿Cómo puede ser si estamos en el mismo sitio?
Ocurre porque el espacio y el tiempo no significan nada sin la ayuda de nuestra conciencia.
Es ella la que nos guía hacia aquello que vamos a vivir en ese lugar, por lo que debemos estar conscientes del lugar al que estamos dirigiendo nuestra atención porque de ello dependerá lo que vamos a experimentar.

No se trata de hacernos pasar por positivos evitando que las cosas nos afecten.
Se trata de elegir en qué lugar de nosotros queremos vivir.

Volver a ti.

SÉ INTELIGENTE. ÁMATE

Hemos construido un mundo
donde darnos prioridad se asocia a la prepotencia.
Cuando en realidad,
amarse, quererse y respetarse
siempre ha sido un acto de inteligencia.

Albert Ureña

SONRÍELE A LA VIDA

Sonríele a la vida.
Quizá no siempre te devuelva una sonrisa,
pero siempre te dejará cerca
motivos para sonreír.

No esperes a que la vida te dé motivos.
Por favor, no te quedes esperándolos.
La magia está en buscar los motivos
que la vida ha dejado ahí para ti.

Todas las personas tienen algo que enseñarme. Hay un propósito para que estemos juntos.

PROTAGONISTA DE TU VIDA

Ojalá elijas vivir siempre
siendo el protagonista de tu vida
y no el espectador en la grada.

No es lo mismo ser jugador de campo, con el poder en las manos para cambiar el partido, que un mero espectador quejándose y/o animando para que algo cambie.

A veces duele vernos como espectadores de nuestras vidas, pero hay muchas personas que viven gritando para que su situación cambie, o para que otras personas den un giro a su vida.

Siendo espectadores no tenemos poder de incidir en los acontecimientos por mucho que nos quejemos, gritemos, lloremos o pataleemos.

Ser espectador sólo nos permite ver, no incidir en los cambios.

¿Ves la diferencia?

Jugar significa tener en tus manos las oportunidades para realizar un cambio.

Para correr, para marcar, para agotar los cartuchos que te queden, para cambiar, para dar un giro a la situación.

Juega tu vida,

no seas un mero espectador de ella o acabarás pensando que no la has creado tú.

Volver a ti.

WIN-WIN

El mundo debería ser un lugar
donde servir al otro y sentirse en unión
fuese la máxima prioridad a enseñar.

En vez de prepararnos para competir y luchar por ser siempre mejores que los demás, deberían prepararnos para dar lo mejor de nosotros mismos y así poder ofrecerle a los demás lo mejor.

¿Cuántas veces has hecho las cosas solamente para ganar tú sin pensar en si la otra persona pierde?
¿Cuántas veces has escuchado refranes como "el que reparte se lleva la mejor parte"?
Las relaciones deberían basarse siempre en un "win-win".
Si yo gano ganamos todos y si pierdo perdemos todos.
Porque como dice mi admirado Alejandro Jodorowsky:

"Lo que das te lo das, lo que quitas te lo quitas".

TU DON

Existe algo en ti que te hace único
y que te hace vibrar en una frecuencia especial.
Es tu don.
Todos tenemos uno.
Ofrécetelo. No te lo guardes.
Dáselo al mundo y permite a otros disfrutar
también de él.

Todos tenemos algo que nos hace únicos y con lo que, de forma natural, vibramos.
Es una sensación de libertad y de amor por aquello que haces, que sale con tal naturalidad que a veces puede abrumarte.
Cuando descubras aquello que te hace vibrar desde lo más profundo de tu corazón, no renuncies a ello.
Por poco que puedas darlo, dalo.
Por poco que puedas hacerlo, hazlo.
Nunca renuncies a lo que se te ha dado, porque es lo que de forma natural te hace único y en cierta forma es algo por lo que el mundo puede vibrar junto a ti.
No lo desperdicies en la neblina que el éxito pone en tus ojos.
No le pongas expectativas.
Solo hazlo y ábrete a disfrutar.

Volver a ti.

MADURAR

Hay que esperar a que todo madure
para poder disfrutarlo en el mejor momento.

Ten paciencia.
Y mientras esperas a que todo salga bien
puedes ir haciendo que todo vaya bien.

El arte de florecer
está en saber pasar pacientemente
por todas las estaciones.

Me honro y me mimo a mí mismo.

ADVERSIDAD

Cuidado.
La adversidad puede despertar talentos.

Atención:
Si estás atravesando un momento adverso, no te centres solamente en la adversidad, presta atención también a las oportunidades de crecimiento y de reinvención que te van a llegar.
La adversidad puede ser una oportunidad para despertar aquello que tienes escondido.

¿Cuántas veces te has encontrado ante la adversidad y has sacado fuerzas o habilidades que no sabías que tenías?

La adversidad puede despertar tus talentos.
No la subestimes.
Abrázala.
Deja que te convierta en todo lo que no has sabido ver de ti.

CON AMOR

No lo hagas por amor,
hazlo con amor.

La obligación desdibuja al amor.
El miedo desdibuja al amor.
La exigencia desdibuja al amor.

Y con el amor no puede uno encadenarse.

A esto de amar se juega en libertad
y no a intentar ser libre.

MIEDO REAL Y MIEDO IMAGINARIO

Existen dos tipos de miedo:
El miedo real que te ayuda a sobrevivir.
El miedo imaginario que te impide vivir.

¿En qué miedo estás tú?

Seguro que alguna vez en tu vida has sentido miedo.
Y seguro que a estas alturas ya sabrás diferenciar entre el miedo real y el miedo imaginario.

Un miedo real es aquél que te ayuda a sobrevivir de un peligro que está ocurriendo ahora mismo.
Por ejemplo, estás en África y ves que hay un león que ronda cerca de ti y tu cuerpo se prepara a nivel emocional y físico para huir y protegerte.

Un miedo imaginario sería una anticipación desmesurada de lo que puede ocurrirte sin que haya ningún peligro aparente. De esta forma tu mente no sabe diferenciar entre lo real e imaginario y te prepara igual para tu supervivencia.

Ahora reflexiona.
¿Cuántos de tus miedos son reales?
¿Cuántos imaginarios?
¿A qué miedos les das más poder en tu vida?
¿Realmente deberías sentir miedo de algo que no sabes ni siquiera si va a suceder?

NUEVOS FUTUROS

Se rompió.
Y de cada lágrima envuelta de mar que cayó
florecieron nuevas esperanzas.

Cada gota de presente
estaba envuelta en un mar de posibilidades.

No se daba cuenta.
Pero la vida siempre le estaba regalando
nuevos futuros.

ESPEJOS

Los espejos no reflejan lo que eres,
solamente reflejan lo que ves.

El espejo donde te miras nunca podrá reflejar todo
aquello que eres,
sólo refleja cómo te ves tú.
Por más que cambies de espejos, si no cambias tu
forma de verte, nada cambiará.
Te seguirás viendo igual en todos ellos.
Los espejos son como amplificadores de ti mismo.
Úsalos para tomar conciencia de lo que debes de
cambiar dentro de ti y así poder amarte de verdad.

Mira fijamente a los ojos a la persona que tienes
delante en el espejo y dile:
Te amo.
Te acepto.
Te respeto.
Te comprendo.
Te perdono.

La provisión de amor es infinita.
Es una fuente inagotable.
Puedo tomar cuanto quiera.

AMA TU CUERPO

Ama tu cuerpo.
Él te ama sin condición alguna.
Funciona con tal perfección para ti
que hace que no debas preocuparte de nada.

Él vive para ti.
Va donde tú vas.
Te cuida.
Te protege.
Te ama de forma incondicional.

¿Y cómo lo tratas tú?

Lamentablemente sólo nos acordamos de nuestro cuerpo cuando nos duele. Es en ese dolor cuando, muchas veces, somos capaces de tomar consciencia de él.

¿Te has dado cuenta de lo incondicional que es tu cuerpo contigo?
Le metes lo que quieres y te lo digiere.
Respira por ti sin que te des cuenta.
Se regenera constantemente sin pedirte permiso.
Hace lo que le pides y va donde lo diriges.
Y nunca oirás una queja.

Es el mecanismo más perfecto y más fiel que existe y no tomamos conciencia de él.
En él vives mientras estés en este mundo físico y gracias a él te conocen y te reconoces.

Toma conciencia de tu cuerpo.
¿Cómo te llevas con él?

¿Cómo lo cuidas?
Y no sólo alimenticiamente, sino emocional y físicamente también.
¿Cómo lo tratas?

Tu cuerpo va a estar contigo siempre.
No es algo separado de ti.
Es un conjunto contigo.
Ámalo.

Volver a ti.

¿TE PUEDO PEDIR UN FAVOR?

Sigue creyendo en ti.
Sigue deseándote lo mejor.
Sigue dando y dándote lo mejor.
Sigue escuchando a tu corazón.
Sigue apostando por aquello que amas.
Sigue eligiendo ver el lado positivo de las cosas.
Sigue caminando.

De todo saldrás
si sigues apostando por ti.

Apostar por ti
es la antesala de la felicidad.

LA PRIMAVERA DENTRO DE TI

Supe que era libre
en el mismo momento en el que descubrí
que puedo vivir dentro de mí en primavera
incluso en el más frío de los inviernos.

Supe que era libre
cuando comprendí que lo que verdaderamente soy
no lo puedo alcanzar a ver con mis propios ojos,
pero puedo verlo claro en mi corazón.

Mira más allá de lo que tu vista puede alcanzar y fúndete con la infinidad de la vida.
Cuanto más te acercas a creerte que sólo eres un cuerpo, más te alejas de ver que eres la propia divinidad manifestándose.
Puedes regalar tus flores para que los que viven un invierno permanente se den cuenta de que ellos también pueden sentir la primavera floreciendo dentro de ellos.

ACÉPTALO

Si la vida te lo da,
acéptalo.
Si la vida te lo quita,
acéptalo.
Si la vida te dice: "para",
acéptalo y respira.
Si la vida te dice: "gana",
acéptalo.
Si la vida te dice: "arriesga",
acéptalo.

Si la vida te dice: "vive",
hazlo.

No te pases la vida dando la espalda
a lo único para lo que viniste aquí.

Albert Ureña

BENEFICIOS OCULTOS

¿Qué beneficio obtienes
para quedarte allí donde no te sientes feliz?

Quizá la pregunta que planteo te escueza o te enfade.
Quizá no vaya contigo, o sí, y no quieras escucharla.
Quizá te encuentres contigo en ella y tomes consciencia para hacer algo.

A veces no nos damos cuenta, pero sostenemos la infelicidad porque creemos sacar un beneficio de ella.
Sentirnos acompañados.
Sentirnos queridos.
Sentirnos atendidos.
Sentirnos a salvo.

Buscamos que alguien nos dé
lo que ahora mismo no somos capaces de darnos nosotros mismos.

Empieza a darte lo que reclamas y empieza a ser dueño de tu felicidad.

Los patrones viejos de mi vida ya
no me limitan.
Me deshago de todo lo que no soy,
fácilmente.

CREER PARA VER

*A veces no se trata de ver para creer
sino de creer para ver.*

En este mundo, donde los sentidos físicos son nuestro guía, estamos acostumbrados a ver primero para creer después. Lo que no estamos teniendo en cuenta es que nos guiamos por sentidos limitados y lo que a veces vemos no siempre es la verdad, sino simplemente nuestra verdad.

No somos conscientes de que primero vemos a través de lo que creemos, de nuestros juicios, de nuestras expectativas, de nuestras emociones y sentimientos. Y el resultado es que muchas veces vemos aquello que, de forma inconsciente, ya estamos preparados para ver.

Existen cosas que no podemos ver con nuestros sentidos físicos y que, sin embargo, sabemos que están ahí y por eso existen para nosotros. Es necesario primero CREER para luego VER de forma consciente.

Entonces, si vemos aquello que primero creemos, debemos preparar nuestra mente para tomar consciencia sobre lo que deseamos ver en nuestra vida,
¿Amor o miedo?
¿Bondad o maldad?
¿Insuficiencia o abundancia?
¿Perdón o venganza?

Volver a ti.

Cuando tomemos la decisión de creer, más allá de lo que nuestro inconsciente nos esté haciendo ver, estaremos preparados para decidir qué es lo que queremos ver en cada situación. Y así, empezaremos a creer para poder ver. Pondremos intención en aquello que deseamos y lo que deseamos ver aparecerá ante nosotros porque hemos elegido verlo.

Cuando seas consciente de que puedes elegir lo que quieres ver en cada situación, empezarás a creerte el dueño de tu percepción. Y quien consigue ser dueño de sí mismo acaba siendo dueño del mundo que crea y que ve.

ENTREGAR

Para las situaciones en las que no tenga el control:
- Humildad para aceptarlas
- Humildad para entregarlas
- Humildad para dejarlas ir

Hoy será un día para aceptar que no todo lo puedo controlar y que existen cosas que escapan a mi entendimiento, pero en las que elijo creer y agarrarme fuertemente.

Hoy toca ser humilde, bajar los brazos y dejar que los brazos de la divinidad me guíen.

Hoy toca confiar de nuevo en que el amor siempre nos prepara y nos da lo mejor.

Hoy debo sentir que no hay nada externo a nosotros que nos pueda hacer bien o mal porque no hay nada externo a nosotros.

Hoy me toca ser humilde para poder llegar a la paz que sana al mundo.

Volver a ti.

SER LA SOLUCIÓN

Eso que te quita el sueño cada noche...

¿Se merece tanto de tu tiempo?
¿Merece tu autoestima?
¿Merece tu alegría?
¿Merece tu salud?
¿Merece tu vida?

No permitas que aquello que no te deja dormir ahora mismo, sea lo que sea, se convierta en el centro de atención de tu vida.

Todos los problemas tienen solución y si eres parte activa de ella sentirás que los tienes en tus manos para poder darles la importancia relativa que tienen.
A veces el problema se convierte en problema cuando le ponemos la etiqueta y el énfasis de problema.

Relativiza.
Todo es más pequeño de lo que lo hacemos en nuestra mente.

Céntrate en lo que tienes, en lo que puedes hacer, en lo que está en tus manos, en ti, en tu alegría, en la gratitud, en la abundancia que te regala a cada instante la vida.

No te propongo mirar hacia otro lado, porque así solo conseguirás tapar el problema y aunque no quieras mirar seguirá estando ahí.

Albert Ureña

Lo que te propongo es que midas el tiempo y la intensidad que va a ocupar en tu vida porque aquello que le permitas será lo que vivirás.

Sé parte de la solución a tu problema, enfréntalo y suéltalo.

EXPECTATIVAS

No estás aquí para cumplir las expectativas de los demás.
No puedes olvidarte de que tienes una responsabilidad con tu vida.
Y el límite lo marcas siempre tú.

Deja de vivir cumpliendo las expectativas que los demás tienen sobre ti.
Termina con la obligación que te has impuesto de vivir una vida y unos roles que otros han elegido por y para ti.
Tienes una responsabilidad con tu vida, y es vivirla a tu manera.
Tal y como la sientas.
¿Cómo vas a poder vivir feliz en una vida que crees que no es tuya?
Deja de vivir cumpliendo las expectativas que los demás tienen sobre ti.
Termina con la obligación que te has impuesto de vivir una vida y unos roles que otros han elegido por y para ti.

Al fin y al cabo,
todos pueden desearte una vida,
pero nadie va a poder vivir por ti.

DESPUÉS

Después.
Esa maldita palabra que retrasa todo lo bueno
que quieres darte en tu vida.

Te comparto aquí un mensaje que me llegó y del cual no sé la autoría:

El tiempo no se detiene.
Cuando uno mira... ya son las seis de la tarde;
cuando uno mira... ya es viernes;
cuando uno mira... ya se terminó el mes;
cuando uno mira... ya se terminó el año;
cuando uno mira... ¡ya se pasaron 50 o 60 años!;
cuando uno mira... ya no sabemos más por dónde andan nuestros amigos;
cuando uno mira... perdimos al amor de nuestra vida y ahora, ya es tarde para volver atrás.

No dejes de hacer algo que te gusta por falta de tiempo.
No dejes de tener a alguien a tu lado.
No dejes de amar a tus hijos.
No dejes de compartir cosas con tus amigos.
Porque ese tiempo que estás dejando para después, lamentablemente, no vuelve jamás...

Después te llamo.
Después lo hago.
Después lo digo.
Después yo cambio.

Volver a ti.

Dejamos todo para después, como si lo que aplazamos para después fuese menos importante que lo que tenemos que hacer ahora.

No entendemos que...
"Después" el café se enfría.
"Después" la prioridad cambia.
"Después" el encanto del momento se pierde.
"Después" temprano se convierte en tarde.
"Después" la añoranza pasa.
"Después" las cosas cambian.
"Después" los hijos crecen.
"Después" la gente envejece.
"Después" la vida se acaba.

No dejes nada para "Después", porque en la espera del "Después", tú puedes perder los mejores momentos, las mejores experiencias, los mejores amigos, los mayores amores.

Acuérdate que el "Después" puede ser ya tarde.
Acuérdate de que el día es hoy.

Tengo siempre mi mente en un estado donde puedo reconocer todas las posibilidades en mí.

Volver a ti.

SOMOS LA LLAVE

Somos la llave
que abre todas las puertas de nuestra vida.

Somos la llave que abre y que cierra todas las puertas de nuestra vida.
Somos los que, con nuestras decisiones y acciones, nos alejamos o entramos a determinados momentos de ella.
Tenemos el poder para decidir cerrar puertas que nos llevan a lugares donde no queremos volver o abrir puertas a lugares nuevos por conocer.
Tenemos el poder para quedarnos o para irnos.
Quedarnos unas veces en lo que no nos hace bien o irnos.
Quedarnos en lo que nos hace felices o irnos.
Deja de buscar las llaves en lugares donde no se te han perdido.
Tú eres todas las llaves de todas las posibilidades de tu vida.

Albert Ureña

PRINCIPIOS

No existe ningún final
que no lleve a nuevos principios.

Ni principios
sin finales envueltos
de todo lo que hemos aprendido.

Y es que para que algo empiece
no basta con querer empezar.

Hay que empezar.
Aunque duela.
Aunque tiembles.

Volver a ti.

ALQUIMIA

El pensamiento es una alquimia capaz de transformar
lo bueno en lo malo,
lo malo en lo bueno,
lo oscuro en lo divino,
lo divino en lo más oscuro.

Pensar es transformar(se).

La calidad de tu vida está proporcionalmente asociada
a la calidad de tus pensamientos.
Porque lo más importante no es lo que te sucede en tu vida, sino de qué forma gestionas aquello que te sucede.

En la vida no siempre nos va a salir todo tal y como nosotros esperamos.
No siempre van a llegar las cosas cuando queramos y se van a ir personas a las que amamos.
La clave en todas las situaciones va a estar en tu mente, en tus pensamientos acerca de lo que ocurre y en cómo vas a sentirlo.
No estoy hablando de ser positivo y ponerte en actitud de "no me afecta nada", ¡NO!
Te hablo de elegir.
Elegir cómo quieres vivir aquello que te pasa en lo que pasa.
Elegir cuánto tiempo de tu vida le das a esa situación y qué te ha causado.
Elegir cómo vas a posicionarte en ella.
¿Vas a elegir seguir en el suelo o levantarte e intentarlo de nuevo?
¿Vas a elegir buscar tu paz o dejar que la situación

te controle?

¿Vas a seguir en la queja o vas a responsabilizarte de la situación?

¿Vas a trascender tus emociones y soltarlas, o vas a decidir reprimirlas?

¿Vas a explorar la situación y ver qué te trae para aprender de ti mismo, o vas a dejar que la situación se adueñe de ti?

Elije la calidad de tus pensamientos
y estarás eligiendo la calidad con la que vas a vivir tu vida.

SALTAR

El problema es que esperas a saltar
cuando el miedo se haya ido
y no se te ha ocurrido pensar que el miedo se va
mientras estás saltando.

El miedo nunca se va pensando en el propio miedo,
al contrario, lo único que consigues es que crezca.
El miedo se diluye mientras lo estamos atravesando,
mientras hemos tomado la decisión de, a pesar de
temer, seguir nuestros pasos con el miedo a
cuestas.

Llega un momento en el que el miedo ya no es el
actor principal de tus acciones, sino que eres tú
quien dirige tu propia película y tú quien decides la
importancia de cada papel.

Albert Ureña

SABER DÓNDE SÍ Y DÓNDE NO

Es igual de importante
saber hacia dónde te diriges
que tener claro dónde no debes volver.

La abundancia es mi estado natural
y yo lo acepto.

SIMPLICIDAD

Lo hacemos tan difícil
que olvidamos lo simple.
Y cuando queremos ver y disfrutar de lo simple,
se nos hace difícil.

No te olvides que "fácil" o "difícil", es una percepción que tu mente fabrica para valorar la expectativa y la acción que necesitas para hacer algo.
¿Crees que respirar es difícil?
Si empiezas a ser consciente de todo el proceso que debe suceder para que puedas respirar te parecerá difícil. En cambio, si respiras simplemente, respirar se convierte en un proceso fácil.

Haz las cosas simplemente, sin pensar mucho en lo fácil o difíciles que puedan ser, porque cuando te acostumbres a hacerlas te parecerán fáciles.
La vida hace lo más difícil de la forma más simple y tú formas parte de ella, eres ella.
¿Qué no puedes hacer?

Volver a ti.

¡DESPIERTA!

Si ves a alguien soñando y te incomoda...
¡Despierta!
¿Quién es el que duerme?

Albert Ureña

PARA CREER EN TI

Para creer en ti necesitas:

- **Un diálogo positivo contigo mismo.**
  El diálogo que tienes contigo mismo, lo que te dices, determina en gran medida lo que haces.
  Debes mantener un buen diálogo contigo. Uno que te acerque a las posibilidades y no a todo lo que no puedes conseguir.

- **Confianza en ti y en lo que haces.**
  Debes tener confianza en ti mismo y en lo que haces. No importa la forma en la que vas a hacerlo, sino la confianza en que vas a lograrlo.
  Ten siempre esto claro en tu mente. La única forma de ganar confianza es confiando.

- **Valentía ante tus miedos.**
  Debes ser valiente cuando tus miedos te asalten, que lo harán.
  No te quedes con ellos, sigue adelante cuando intenten detenerte en tus propósitos. No vas a poder hacer desaparecer el miedo, pero puedes llevártelo contigo y hacer que deje de crecer. Deja de alimentarlo.

- **Paciencia ante las dificultades.**
  Vas a tener que tener mucha paciencia contigo mismo, sobre todo cuando las cosas se pongan difíciles. Sin paciencia perderás rápido la confianza en ti y le darás motivos a tus miedos para vencerte.

Volver a ti.

La paciencia infinita trae resultados inmediatos.

- **Amarte ante los fracasos.**
  Debes de amarte mucho, sobre todo cuando fracases, porque tenlo en cuenta, puede ser que fracases. Pero un fracaso nunca significa nada, a no ser que le des tú un significado. Cáete, levántate, abrázate y sigue adelante. El fracaso va de la mano con el éxito. Nadie ha conseguido el éxito sin arriesgarse a fracasar.

- **Convencerte de que te mereces creer en ti.**
  Cree que te mereces creer en ti. Convéncete de que te lo mereces todo. Eres merecedor de tus sueños, de la vida, de todo lo que tienes y de todo lo que quieres ser.

Cree en ti.
Te lo debes.

TODO ES TAL Y COMO DEBE SER

¿Quién soy yo para juzgar la perfección de este momento?
¿Por qué esto no va a ser lo mejor para mí?
¿Por qué tendría que cambiarlo?
¿El otoño, el invierno, la primavera, el verano... no son perfectos?
¿El día y la noche no son perfectos?
¿El amanecer, el atardecer, el sol, la luna, el Universo no son perfectos?

No intervengas en el instante intentando cambiarlo.
Fluye en el instante.
Te está cambiando.

DIOS

"En el vientrc de una mamá había dos bebés.
Uno preguntó al otro:
- ¿Tú crees en la vida después del parto?
- Claro que sí. Tiene que haber algo después del parto. Tal vez estamos aquí para prepararnos para lo que vendrá más tarde.
- Tonterías. No hay vida después del parto. ¿Qué clase de vida sería esa?
- No lo sé, pero habrá más luz que la que hay aquí. Tal vez podremos caminar con nuestras propias piernas y comer con nuestras bocas. Tal vez tendremos otros sentidos, que no podemos entender ahora.
- Eso es un absurdo. Caminar es imposible. ¡¿Y comer con la boca?! ¡Ridículo! El cordón umbilical nos nutre y nos da todo lo demás que necesitamos. El cordón umbilical es demasiado corto. La vida después del parto es imposible.
- Bueno, yo pienso que hay algo y tal vez sea diferente de lo que hay aquí. Tal vez ya no necesitemos de este tubo físico.
- Tonterías, además, de haber realmente vida después del parto, entonces ¿por qué nadie jamás regresó de allá? El parto es el fin de la vida y en el posparto no hay nada, más allá de lo oscuro, silencio y olvido. Él no nos llevará a ningún lugar.
- Bueno, yo no lo sé, pero con seguridad vamos a encontrarnos con Mamá y ella nos cuidará.
- Mamá... ¿tú realmente crees en Mamá? Eso es ridículo. Si Mamá existe, entonces, ¿dónde está ella ahora?
- Ella está alrededor nuestro. Estamos cercados por ella. De ella, nosotros somos. Es en ella que vivimos.

Sin Ella, este mundo no sería y no podría existir.
- Bueno, yo no puedo verla, entonces, es lógico que ella no exista.
- A veces, cuando tú estás en silencio, si te concentras y realmente escuchas, puedes percibir su presencia y escuchar su voz amorosa allá arriba".

Así es como un escritor húngaro explicó la existencia de Dios.

Hoy voy a mirar a las personas como un interrogante de todo lo que pueden ser y no como un punto final de todo lo que he juzgado que son.

CAMINOS

Aunque a simple vista
el camino es igual para todos,
al caminarlo, cada cual, pone sus propios pasos.

A simple vista el camino parece igual para todos los que van a empezar a caminarlo. Pero tú y yo sabemos, que ni tú ni yo vamos a caminarlo de igual manera.
Para unos puede convertirse en un camino árido y agotador y para otros en un camino lleno de aventuras y de descubrimiento.
A unos puede parecerles corto y a otros, largo.
Para unos las dificultades puede que hagan el camino cuesta arriba y para otros cada dificultad puede suponer un alto en él.
Todos vamos a llegar al final, pero para cada cual será diferente, y cuando intentes describirlo lo harás a base de describir tu experiencia personal acerca de él, pero no estarás describiendo el camino, sino tu propio camino.
Así que cuando te digan, es difícil, es fácil, es largo, es corto, es arduo, es alegre, es bonito, feo... no te lo creas.
Experiméntalo por ti mismo.

Volver a ti.

EL FIN DEL SUFRIMIENTO

El fin del sufrimiento
es el ejercicio de la plena aceptación de lo que es.

Sufrimos porque constantemente deseamos cambiar lo que es y no está en nuestra mano cambiar.

Imagina a alguien sentado en un banco de un parque, observando todo lo que allí hay y sucede. Imagina a esa misma persona intentando cambiar los árboles que allí se encuentran, las sonrisas de los niños que juegan, las personas que por allí pasan, las hojas que se mueven, los animales que pasean, las conversaciones que ocurren, las acciones que suceden.

Esa persona, en vez de disfrutar de un momento de contemplación y de paz observando todo lo que es, insiste en querer cambiarlo todo a su alrededor, creyendo que todo debe amoldarse a él en vez de amoldarse él a lo que allí sucede.

Aceptar lo que es no es algo pasivo, es una intención interior de aceptación y decisión de que lo que veo o sucede no va a ser causa de mi sufrimiento, porque puedo elegir paz en vez de sufrir.

¿A cuántas personas que existen en tu vida desearías cambiar?

¿Cuántas situaciones de tu vida desearías que no fuesen de una determinada manera?

¿Por cuántas cosas que no tienes ahora y te gustaría tener, sufres?

Solamente puedes cambiarte a ti mismo y la percepción que tienes acerca de las situaciones y cosas.

Albert Ureña

BUENA SUERTE, MALA SUERTE ¿QUIÉN SABE?

Un granjero vivía en una pequeña y pobre aldea. Sus vecinos lo consideraban afortunado porque tenía un caballo con el que podía arar su campo.

Un día el caballo se escapó a las montañas. Al enterarse los vecinos acudieron a consolar al granjero por su pérdida. "Qué mala suerte", le decían. El granjero les respondía: "mala suerte, buena suerte, ¿quién sabe?

Unos días más tarde el caballo regresó trayendo consigo varios caballos salvajes. Los vecinos fueron a casa del granjero, esta vez a felicitarlo por su buena suerte.
"Buena suerte, mala suerte, ¿quién sabe?", contestó el granjero.

El hijo del granjero intentó domar a uno de los caballos salvajes, pero se cayó y se rompió una pierna.
Otra vez, los vecinos se lamentaban de la mala suerte del granjero y otra vez el anciano granjero les contestó:
"Buena suerte, mala suerte, ¿quién sabe?".

Días más tarde aparecieron en el pueblo los oficiales de reclutamiento para llevarse a los jóvenes al ejército. El hijo del granjero fue rechazado por tener la pierna rota. Los aldeanos, ¡cómo no!, comentaban la buena suerte del granjero y cómo no, el granjero les dijo:

Volver a ti.

"Buena suerte, mala suerte, ¿quién sabe?".

Anthony de Mello, *Sadhana, un camino de oración.*

Todo lo que a primera vista parece un contratiempo puede ser un disfraz del bien. Y lo que parece bueno a primera vista puede convertirse en una pesadilla. Así pues, será una postura savia que dejemos al tiempo decidir lo que es buena suerte y mala suerte, agradeciendo y aceptando lo "bueno" o "malo" que nos traiga en cada momento.

LUZ Y SOMBRAS

El problema es que pones la atención en tus sombras sin ser consciente de que has sido tú el que ha ido apagándose.

Lo bueno es que las sombras se hacen pequeñas a medida que vas encendiendo la luz.

La luz y las sombras siempre van acompañadas. No podemos separarlas porque una vive de la otra. Lo que sí podemos es ser conscientes de cuántas sombras estamos dejando proyectar en nuestra vida por el hecho de haber ido apagando nuestra luz. Cuanta más luz das, menos sombras proyectas. Enfócate en los aspectos positivos de ti, de tu vida, de lo que tienes ahora, de lo que eres capaz de conseguir. Deja de poner atención en lo que te falta, en los errores, en todas aquellas cosas que proyectan lo que no eres. Sé consciente de que lo que muestras no es lo que eres, simplemente es aquello en lo que has puesto atención.

Volver a ti.

MAGIA

Magia es poder elegir,
cada día, en cada momento,
cómo quieres estar en el mundo.

Magia es darte cuenta
de que la magia eres tú.

Todo llega a su tiempo.
Me mantengo paciente y me
entrego al momento.

Volver a ti.

SALTAR

Para volar
no basta con tener alas.
Hay que confiar y saltar.

Albert Ureña

BUSCÁNDOME

Toda la vida buscando sin saber
que llevaba toda la vida esperándome.

Si tienes la suerte de encontrarte contigo en el
camino de la búsqueda que lleves, celébralo.
Encontrarte,
observarte,
reconocerte,
abrazarte,
celebrarte,
perdonarte,
agradecerte.
Tomarte de la mano y avanzar con la seguridad de
tenerte a ti mismo,
es el mayor regalo que vas a darte en tu vida.

Volver a ti.

A VECES SUCEDE

Tú inténtalo.
Que de intentarlo las cosas suceden.

LO QUE NOS MOLESTA

*Aquello que te molesta de él o ella,
mejóralo en ti.*

La vida es un espejo donde se refleja lo que llevamos dentro de nosotros.

Cada vez que juzgues a alguien o te moleste algo de alguien pregúntate:

¿Cómo pienso yo acerca de esto que me molesta?

¿Qué pensamientos existen detrás de eso que estoy viendo, y que me despierta ciertas emociones?

¿Qué me permito o me reprimo con relación a esto que me molesta?

Te pongo un ejemplo:

Durante mucho tiempo, me molestaban mucho las personas decididas e impulsivas. Las juzgaba de descaradas, descerebradas, imprudentes, egoístas... básicamente por el hecho de que apostaban por ellas y tomaban decisiones sin importarles lo que opinaran los demás.

Un día me pregunté:

¿Por qué a mí me molesta tanto esto y a otras personas no?

¿Tendrá algo que ver conmigo?

Reflexionando me di cuenta de que eso que me molestaba era en realidad una parte de mí a la que temía, y me sentía cobarde por no poder utilizarla. Sentí que a mí me encantaría poder tener ese poder de decisión y esa valentía, y justo lo que no me estaba permitiendo SER era lo que me estaba molestando de aquellas personas.

Volver a ti.

¡Qué bonito espejo!
¡Qué bendición el poder verme en los demás y aprender de mí gracias a lo que me muestran!
Estás en todo lo que ves y todo lo que ves no es más que un reflejo de ti.

HAZTE LAS PACES

Haz las paces contigo mismo.
Al fin y al cabo, vas a tener que estar contigo toda una vida.

Tener una lucha toda la vida con la persona con la que vas a convivir siempre es inútil.
Sé consciente de que vas a tener que estar contigo todo lo que dure esta experiencia, así que mejor será que hagas las paces contigo y empieces a disfrutar de una bonita relación de amor incondicional hacia ti mismo.

- Reduce el nivel de exigencia.
- Permítete intentarlo.
- Permítete fallar.
- Permítete la alegría.
- Date permiso para ilusionarte.
- Haz cosas nuevas.
- Aprende de tus errores.
- Perdónate.
- Reconoce lo bueno en ti.
- Abraza a tu niño interior.
- Valora lo que eres.
- Acepta lo que no puedas cambiar e intégralo en tu vida.
- No te rechaces.
- Cree en ti.

Soy una persona abierta y receptiva
a todo lo que la vida me ofrece.

TALENTO

*Es muy frustrante pedirte que seas exitoso
en algo que requiera un talento que no tienes.*

*Sienta las bases de aquello que surge de ti con
facilidad
y haz mucho más de eso.*

*Pon el tiempo al servicio de la habilidad
y acabarás construyendo tu vida alrededor de tu
talento.*

Todos nacemos con talento, pero no a todos nos
han enseñado a seguirlo, sostenerlo y mejorarlo.

El talento es una habilidad que de por sí tiene una
facilidad de ejecución para la persona que la lleva a
cabo. Puede ser que tengas talento para la música,
para el baile, para la escritura, para los números,
para la empatía con otras personas, para comunicar,
para el deporte, para enseñar, para ayudar, para
fabricar, para diseñar, para dibujar, para pensar,
para disertar, para resumir, para gestionar...
Busca ese talento innato que tienes, y cuando lo
veas, haz más de eso que se te da con facilidad. Haz
de tu talento una forma de vivir y acabarás viviendo
de lo que eres.

INMENSIDAD

Reconócete como parte de la inmensidad
y no como algo separado de ella.

Eres como una gota de mar
que contiene el mismo mar en cada gota.

Reconoce que el único lugar donde te sientes separado es en tu mente.

Cierra los ojos, siente la inmensidad que eres y que te rodea.

Siente como cada parte que ves, oyes y sientes te envuelve.

Nada te separa, todo eres tú, todo forma parte de una unicidad universal.

Abandona por un instante aquello en lo que has creído y en lo que crees.

Siente la inmensidad de la paz que eres, y a la que no atiendes por estar siempre en tu mente.

Aunque una gota de mar se vea separada del mismo mar y de sus hermanas,
sigue siendo el mismo mar.

TENEMOS LO QUE SOMOS

Tenemos lo que tenemos
porque somos lo que somos
y hacemos lo que hacemos.

Tenemos aquello que creemos que somos y, por lo tanto, hacemos en concordancia a nuestras creencias. Porque no podemos hacer nada diferente del espacio en el que creemos.
Observa tu vida.
¿Quién eres?
¿Cómo te juzgas?
¿En qué crees? ¿En qué no?
¿Qué crees qué puedes conseguir? ¿Qué no?
¿Hasta dónde estás dispuesto a llegar? ¿Hasta dónde no?
¿Qué crees que te mereces? ¿Qué no?
El 90% de los resultados que tenemos en nuestra vida vienen determinados por lo que hacemos en base a quién nos hemos creído que somos. El 10% restante lo dedicamos a gestionar la incertidumbre que no podemos controlar.

No envidies la vida de otro, piensa qué es lo que él ha podido hacer diferente a ti.
Cómo piensa, con qué ojos ve el mundo, qué cree, qué hace...
Aprende a verte reflejado en los demás y toma responsabilidad de tus pensamientos y de las acciones que haces en tu vida, porque en cada decisión que tomas, la estás creando.

SI VAMOS...

Si vamos a perder,
que sea el miedo.

Si vamos a dar
que sea el amor.

Si vamos a hacerlo,
que sea sin reservas.

Porque nada se pierde cuando lo damos todo amando.
Porque sabemos que el amor,
al darlo,
lo recibimos.

Albert Ureña

NADIE ES UN INSTANTE

No juzgues a nadie por lo que muestra en un instante.
Un instante no puede ser el reflejo de una vida.

Volver a ti.

Estoy a salvo.

SER FELIZ EN LO QUE TIENES

- ¿Por qué no soy feliz con lo que tengo?
- Porque siempre crees que lo serás cuando tengas lo que ahora no tienes.
- ¿Y cómo puedo serlo ahora?
- Agradeciendo lo que ahora tienes.

La felicidad no está en lo que deseas tener.
Está en darte cuenta y sentirte agradecido con todo lo que tienes ahora.
No podemos estar constantemente mirando y añorando ese futuro que deseamos tener, y que quizás, nunca llegue.
¿Y si eso que te imaginas que te hará feliz nunca llega? ¿Vivirás infeliz toda tu vida?

Préstale atención a las cosas que tienes y que puedes sentir, agradecer y disfrutar ahora.
No te pierdas la vida que te está sucediendo ahora mismo por vivir en una vida que no puedes vivir.

ES TU MIRADA

No es tu cuerpo, es tu mirada acerca de tu cuerpo.

No es tu trabajo, es la mirada que tienes acerca de tu trabajo.

No es tu vida, es la mirada que tienes acerca de tu vida.

Son nuestros pensamientos los que nos sesgan la forma que tenemos de mirar al mundo. Ellos, a su vez, configuran nuestra forma de sentir y sentirnos, y, a su vez, también nuestras decisiones.

Pruébalo. No me creas.

Intenta cambiar tu juicio acerca de algo pequeño en tu vida y experimenta el placer de sentir algo diferente acerca de algo o alguien.

Sé dueño de tu mente, no permitas que tus pensamientos te esclavicen a una sola realidad.

Albert Ureña

SANAR TUS HERIDAS

Soltar no es decir adiós, sino gracias.
Así cada vez que mires tus heridas
recordarás lo que aprendiste y no el dolor que te
infligió.

Soltar es un acto de gratitud.
Cuando nuestro corazón es capaz de mirar la herida
y ver todo lo que vivimos en vez de ver todo el dolor
que nos produjo, estaremos capacitados para seguir
caminando hacia delante sin tener que estar
siempre mirando atrás.
Ama tus heridas, porque ellas son parte de tu historia.
Historia que fue pero que ya no eres tú, sino solo
una experiencia de alguien que fuiste.

Volver a ti.

AMARTE

Amarte es elegir quedarme
cuando tengo la libertad para poder irme.

Amarte
es elegirte cada día de mi vida.

Albert Ureña

PEREZA

Existe un método infalible para la pereza,
se llama ponerse en marcha.

Créeme, es infalible.
No esperes a que te vengan las ganas, créalas.
No esperes al momento perfecto, créalo.
No esperes la vida perfecta, vive la que tienes ahora
en tus manos.

Permito que el amor me encuentre
y me abrace.

Albert Ureña

CONSTANCIA

La constancia es amiga del éxito
en cualquier objetivo que te propongas en la vida.

No digas que no lo conseguiste; ¿Fuiste todo lo constante que podrías haber sido?
La constancia siempre va de la mano de cualquier éxito que veas en la vida.
Aunque creas que todavía no estás consiguiéndolo, sigue constante ante tus objetivos, porque la constancia hará que generes un hábito en tu vida, y los hábitos acaban forjando destinos.

¿En qué estás siendo constante?
¿En qué deberías serlo y no lo eres?

Como dijo el poeta italiano Ovidio,
"La gota de agua rompe la piedra, no por su fuerza, sino por su constancia".

Volver a ti.

CAMBIOS

Los cambios no siempre llegan cuando estás preparado, muchos llegan para prepararte.

Nunca estaremos preparados para un cambio y nunca se dará la situación perfecta para iniciarlo.
Muchos de los cambios que la vida te pone delante simplemente te están preparando para que seas mucho más grande de lo que eres en este preciso instante.
No te resignes ante un cambio y pienses que lo que pasa no va a servir para nada. Sin eso que te está sucediendo no podrías sacar toda esa luz que llevas escondiendo tanto tiempo.
No tengas miedo, nada dura eternamente.
Sé consciente de todo lo que puedes hacer y todas las posibilidades que tienes ante lo que se presenta.
Ten paciencia.
Todos los cambios requieren un tiempo, no te angusties si no llevan los tiempos que tú esperas.

Albert Ureña

UN "ME QUIERO"

Un "me quiero"
también quita a otro clavo
y es mucho más efectivo.

Volver a ti.

CORRE, HAZLO, SAL A SER FELIZ

Cuántas cosas cambiarían si en vez de un "estás loco"
le dijésemos "corre, hazlo; sal a ser feliz".

Si de verdad lo amas dejarás que vaya a cumplir sus sueños y no los tuyos.
Dejarás que se tropiece y aprenda.
Dejarás que sea un loco por lo que ama porque es feliz así, incluso a pesar de que a ti no te guste su forma de hacerlo.
Dejarás que baile a su ritmo, que marque su compás, que componga su propia canción.

MIEDO A LO QUE NO ES

No tengas miedo a lo que todavía no es.

Tenemos mucho más miedo a lo que todavía no es que a lo que realmente está sucediendo. Si te permites estar en el presente te permites alejar los miedos que predicen tu futuro.

Lo que todavía no ha llegado no puede vivir en tu vida, pero tú tienes el poder de hacer que lo que todavía no es ya viva en tu pensamiento y ya empieces a vivirlo como si fuese real.

No te limites con lo que todavía está por llegar.

Sujétate al presente. No lo pierdas de vista. Aférrate con fuerza a él.

Estás a tiempo en cada instante de cambiar tu historia. Estás a tiempo de dejar de predecir un futuro que no tiene por qué llegar.

Estás a tiempo de aprovechar el instante de vida que te está acariciando ahora mismo.

Volver a ti.

Me merezco ser feliz y voy a
construir mi felicidad.

Albert Ureña

OPORTUNIDADES

La vida siempre va a darte una oportunidad,
otra cosa es que tú te la quieras dar.

La vida es un constante río de oportunidades.
Existen momentos en nuestras vidas en los que pensamos que las oportunidades nos han dado la espalda, pero lo cierto es que, sin darnos cuenta, somos nosotros los que se la estamos dando. Simplemente estamos mirando para otro lado, ciegos a ese río de oportunidades.
Y entonces ocurre que, cuando decidimos darnos una oportunidad, casualmente las oportunidades empiezan a surgir ¿por qué?
Porque nosotros siempre hemos sido a la vez el río y la oportunidad.

Volver a ti.

TENGO MIEDO

Tengo miedo
pero no me quedo a vivir en él.
¿Y tú?

BRILLA

Si estás aquí para brillar
no debes de temer a las adversidades
porque las estrellas, cuando más brillan,
es en la plena oscuridad.

Las adversidades forman parte de tu vida, y de la mía. Aprovéchalas para brillar con más fuerza y sacar habilidades y fortalezas que creerás que no tienes.
Estás aquí para brillar, esconderte no hará que las adversidades desaparezcan.
Tu brillo puede iluminar una parte importante en este mundo. Y si no estás mejorando el mundo no estás haciendo nada por él, ni por ti.

Que la adversidad sea una excusa para brillar con más fuerza
y no una excusa para esconderte.

Volver a ti.

CON EL TIEMPO...

Con el tiempo descubres
que la vida es una escuela
en la que debes aprender a soltar todo lo que no eres
y empezar a reconocer lo que siempre habías sido.

La vida es aprender a desprenderse
de lo que ya no nos sirve
para aprender a ser lo que realmente somos.
Búscalo, encuéntrate y ofrécelo.

EL GANADOR DE TU VIDA

*O vives pelándote y angustiándote, intentando
cambiar las reglas*
*o las aceptas, las conoces, las aprendes y creas las
tuyas propias.*

No se trata de intentar cambiar siempre las reglas.
A veces se trata de aprender a jugarlas.
Al final al que vas a ganarte es a ti mismo.
Piensa en el juego que ahora mismo estás jugando
en tu vida y observa si estás queriendo cambiar las
reglas o adaptándote para conocerlas, jugar y ganar.
Todos jugamos a algo en esta vida.
No juegues a ser víctima de las circunstancias,
juega a ser el ganador de tu vida.

Volver a ti.

Vivo de la mejor manera que sé.

Albert Ureña

EL INVITADO

En tu mente habita el bien y el mal,
la alegría y la tristeza,
el placer y el sufrimiento.

¿A cuál de ellos vas a atender?
¿A cuál de ellos vas a sostener?

Al que invites a entrar, será el que vas a vivir.

HUYENDO

Siempre huyendo de tus miedos
y resulta que lo mejor de ti
te estaba esperando tras ellos.

Deja de ver tus miedos como algo malo, como el lugar que debes evitar a toda costa.

Cambia tu relación con respecto al miedo. Si lo observas desde fuera de ti verás cómo el miedo lo único que desea es ayudarte. Él cree que estás en peligro y viene a ayudarte a huir, pero no sabe que te está haciendo, en ocasiones, un flaco favor.

Es como si dijese "Hola soy tu miedo, corremos peligro, voy a ayudarte a huir y nos pondremos a salvo, tranquilo".

Mira a tu miedo y explícale que vas a estar a su lado pero que en determinadas situaciones eres tú el que va a tomar el control. Que no hace falta que se vaya ni que se resista porque lo has aceptado y lo quieres a tu lado, pero no delante de ti.

Detrás del miedo existe un lugar de incertidumbre por explorar. Normalmente algo que te va a hacer crecer y desarrollarte para mostrarte una nueva versión de ti mismo.

¿Cuántas veces has tenido miedo, has tragado saliva, te has armado de valor y el resultado ha sido aprender que podías hacerlo?

Qué momento de satisfacción y grandeza ¿verdad?

Hazlo, ten miedo, pero hazlo con miedo.

TE DAS LO QUE TE MERECES

Si crees que el mundo no te da lo que te mereces toma consciencia de quién estás siendo tú en el mundo.

Deja de pelearte con el mundo, eso no va a arreglar nada en él. Si de verdad quieres recibir algo de él vas a tener que empezar a dártelo tú.
El mundo que hay es el que hemos construido, mejor o peor, pero es el que hay.
Ahora bien, existen personas que simplemente lo ven, se lamentan y se quejan, y otras que lo ven, lo aceptan, aprenden sus reglas y se dedican a mejorarse para mejorar su trocito de parcela.
Deja de ser víctima del mundo y empieza a asumir tu responsabilidad en ti, en él.
Todo lo bueno y lo malo que hay en este mundo está creándose abundantemente para ti, solo tienes que elegir qué parte vas a ver en él, y aquella que veas será la que vas a vivir.

No te creas que tu realidad es la única que se puede vivir, ni que tu opinión es la única que cuenta. Existe un mundo de posibilidades infinitas por explorar. Ábrete a la abundancia del descubrir quién todavía puedes ser.

Cambia tu mundo y el mundo cambiará para ti.

Volver a ti.

NUNCA ES TARDE

Nunca es demasiado tarde
para aventurarte a seguir los dictados de tu
corazón.

Dejémonos de miedos
y dediquémonos a ser felices.

Albert Ureña

JAULAS ABIERTAS

El problema viene
cuando te has creído que la jaula es tu casa,
y aun con las puertas abiertas tienes miedo de
salir.

Lo conocido no tiene porqué ser lo mejor para ti.
No confundas conformismo con seguridad.

Conformarse puede parecer muy seguro para aquél que ha llegado a integrar y creerse que vivir en una jaula es la única realidad.
Piénsalo por un momento y sé sincero contigo mismo.
¿En cuántas situaciones que vives a diario, tienes las puertas abiertas para poder salir y no lo haces?
¿Cuántas cosas te has llegado a creer que son seguras?
¿De verdad crees que el tiempo será el que cambie tus creencias y te de la curiosidad para salir a conocer lo nuevo?
Yo creo que no...
No sabes lo que hay detrás de esa puerta abierta, pero estoy seguro de que muy dentro de ti, sabes que existe algo mejor que esta jaula.
Lo siento.
Cuando descubras que tú eres la llave de tu libertad, sentirás una incomodidad muy grande, pero te aseguro que será el comienzo de un viaje de consciencia y libertad.
Por lo menos, si decides seguir conformándote, te harás responsable de la situación y sabrás que lo estás eligiendo tú y dejarás de culpar al mundo de tu encarcelamiento.

Estoy dispuesto a pedir ayuda
cuando la necesite.

Albert Ureña

PRIORIDADES

Lo lógico es que tu felicidad
sea una prioridad para ti.
Lo raro es que no lo seas tú.

No puedes ser feliz sin ti.

Volver a ti.

CIEGOS DE NOSOTROS MISMOS

Vivimos ciegos de nosotros mismos
pasando demasiado tiempo mirando a los demás.

Vivimos comparándonos ciegos a nuestras virtudes
e idealizando siempre las ajenas,
esperando encontrar en otros
lo que hemos dejado de ver en nosotros mismos.

No te compares.
Por mucho que quieras, no vas a poder ser esa persona y esa persona nunca podrá ser tú.
Si todos brillásemos por igual no existirían las infinitas posibilidades de ser luces y caminos para los demás.
Busca en ti eso que tienes que te hace brillar y sacar lo mejor que tienes (que todos tenemos) y ve quitando el foco en lo de fuera para enfocarte a ti.
Tú eres el protagonista de tu historia.
No quieras escribir una historia que no te pertenece escribir a ti.

Albert Ureña

COHERENCIA

Nada puede hacerte más feliz
que una vida en coherencia contigo mismo.

La coherencia entre tu corazón y tu vida
es el equilibrio para sostener tu felicidad.

BENEFICIOS INCONSCIENTES

Todo lo que tienes y todo lo que no eres capaz de soltar
cumple una función en tu vida.

Descubre aquello que te está atando
y desata el nudo que te sujeta.

¿Qué me está reteniendo?
¿Qué función cumple en mi vida?
¿Qué beneficio inconsciente saco de ello?

Todo aquello que te tiene atado cumple un propósito en tu vida.
Descubre qué parte de tu vacío está cubriendo y llénalo de ti.

Albert Ureña

SOMOS LO QUE HACEMOS

Estamos hechos
de lo que hacemos en nuestras vidas.
Y de lo que no,
también.

Acabamos convirtiéndonos en una mezcla entre lo que hacemos en nuestras vidas y lo que no hacemos. Entre lo que elegimos y lo que no.
Estamos hechos de la historia que nos contamos constantemente. Accedemos al pedacito de realidad que nos creemos capaces de tener y vivir.
Ahora bien,
¿Y si pudieses cambiar la historia?
¿Y si enfocarte, pensar y actuar de forma distinta acabara proporcionándote otra vida?
¿Y si lo intentaras?

Todos los hábitos que has construido en tu vida han acabado formando tu vida.
Todos los hábitos que cambies en tu vida acabarán dándote una vida nueva.

Hoy voy a escuchar a mi corazón.
Voy a tenerme en cuenta en todas
las acciones de mi vida.

Albert Ureña

FRACASAR

Fracasar no es intentarlo y que no salga,
es no haberlo intentado nunca.

Te puedo asegurar que es más duro el fracaso de
quien se queda con las ganas de haberlo intentado
que de quien ha fallado al intentarlo.
¿Y tú, te vas a quedar con las ganas?

DEJAR DE ESPERAR

Deja de esperar
a que la vida te haga feliz.

Deja de esperar
a que alguien te haga feliz.

Deja de esperar
a que algo te haga feliz.

No esperes la felicidad.
Sal a buscarla.

¿Para qué esperar si puedes ser feliz contigo ahora mismo?

Albert Ureña

NO SOMOS DE AMAR Y TIRAR

Ama a las personas y usa las cosas,
al revés, nunca funciona.

Te han convencido de que eres lo que tienes y has aprendido a amar las cosas de tal forma que tu valía, tu autoestima, tu capacidad, tu confianza... están en ellas. Y si ellas se van o sientes la posibilidad de que lo hagan, sufrirás por miedo a perderlas.
Repito.
Tú no eres lo que tienes.
Tú eres lo que haces, lo que sientes, lo que haces sentir, lo que inspiras, lo que piensas, lo que das, lo que avanzas... nunca lo que acumulas.

Así que, si debes amar algo en tu vida, es a las personas, a ti mismo, pero nunca a las cosas. Suelta el apego a las cosas. Ellas nunca van a darte la felicidad que buscas. Solo, como mucho, te darán la sensación de llenar un vacío emocional, durante un corto periodo de tiempo.

Volver a ti.

LA FELICIDAD NO ES CONSTANTE

No se puede ser feliz de forma constante.
A veces hay que vivir momentos de lluvia
para que podamos valorar más el sol.

Cuando sientes que todo está bien,
no te resistas a que las cosas sean diferentes de como son,
y puedes ser capaz de gestionar y valorar la felicidad
en cada momento y espacio de tu vida.

Albert Ureña

LO QUE MÁS ME GUSTA DE TI

Me gusta cuando crees
que puedes conseguirlo todo,
que todo va a salir bien,
que puedes sacarle una sonrisa a todo,
que puedes transformarlo todo.

Pero lo que más me gusta de cuando crees en ti,
es que me dan ganas de creer en mí.

Todo lo que necesito saber llegará
en el momento adecuado.

LO QUE BUSCAS

Aquello que buscas
quizá te está esperando a ti
pero no de la forma en que lo estás buscando.

Quizá eso que tanto ansías te está esperando ya.
No lo sé.
Quizá esas ansias de tenerlo te hagan daño porque
no viene.
Quizá la forma en la que te está esperando no tiene
nada que ver con la idea que tienes tú de encontrarlo.
Suelta el plan, pero sigue caminando.

Volver a ti.

LA INCOMODIDAD

*Cuando te encuentres
en un momento incómodo en tu vida
no lo maldigas.
Bendice la oportunidad
que la incomodidad te está ofreciendo
para motivar un cambio.*

No te acostumbres a dormir en una cama de clavos, que lo harás si te resistes al cambio. Permite que la incomodidad que sientes te lleve al lugar donde quieres estar.

De la incomodidad surge la energía suficiente para el cambio.

¿Estás incómodo en tu trabajo?

Empieza a formarte, a buscar, a reinventarte, a valorarte y aprovecha la oportunidad que te ofrece la incomodidad.

¿Estás incómodo con tu pareja?

Toma acciones para ver qué es lo que te incomoda y resuélvelo.

Sé sincero contigo mismo y avanza hacia la dirección de tu corazón.

¿Estás incómodo en tu vida?

Algo debes cambiar, y te aseguro que no es tu vida.

Te aseguro que lo primero que debes cambiar eres tú, en tu vida.

Albert Ureña

AMOR LUNÁTICO

Tú no quieres la luna.
Tú lo que quieres es comprobar
si existe alguien dispuesto a darte
lo que tú no has sabido darte.

No quieras pretender pedirle a alguien lo que tú no has sabido darte.

No exijas al mundo ni pagues contra el mundo lo que todavía no has aprendido a darte tú mismo.

¿Cuántas pruebas de amor son suficientes para sentirte amado?

Desde lo que tú no has sabido darte no puede salir más que un amor aprisionado y enfermizo.

Construye y cultiva un amor que puedas dar sin esperar recibir.

Pide la luna entonces, pero no como una exigencia sino como un camino a recorrer juntos.

NO

Aprender a decir NO es un lujo.
No quiero.
No me gusta.
No tengo ganas.
No me apetece.

Cuando digo NO
me estoy diciendo SÍ a mí mismo.

LAS BARRERAS DE TU FELICIDAD

Si crees que existe una manera de ser feliz
ya estás limitando las infinitas formas
en las que la felicidad puede manifestarse en tu
vida.

Volver a ti.

Hoy confío en la magnitud regeneradora del universo. Todo está bien tal cual está sucediendo.

Albert Ureña

NO TE DES LA ESPALDA

Esperas a que todo sea diferente
siendo tú el mismo.

Esperas a que la vida se ponga a tu favor
mientras le das la espalda.

Crees que todo irá bien
sin entender primero que eres tú
el que debe impulsar que todo vaya bien.

Cada día tengo más claro que no podemos esperar a que la vida nos ponga las situaciones perfectas delante de nosotros. Es más, creo que aun cuando nos las pone, no sabemos apreciarlas.

Vivimos engañándonos, creyendo que no tenemos nada que ver con lo que recibimos de la vida, y que algún día, cuando todo se ponga de cara, empezaremos a ser esa persona que soñamos con ser.
Pero siento decirte que no funciona así.
Primero debes SER, empezar a pensar y hacerte el hábito, acorde con lo que deseas, y poco a poco, ir acercando y amoldando la vida a lo que eres.

La vida suele premiar a aquellos que se esfuerzan por ser coherentes con todo lo que son.
¿Por qué?
Porque cuando empiezas a ser coherente con la esencia que eres, empiezas a entender que eres tú el que debe cambiar el orden de tu mente para ordenar el orden que existe fuera de ella.

Volver a ti.

Acércate tú a la vida,
deja de ponerle expectativas y sal a vivir(te) para
vivirla.

Albert Ureña

LA ABUNDANCIA DEL AMOR

Intentar retener el amor
es creer que no existe suficiente amor para ti.

Volver a ti.

MARIPOSAS

Tu verdadera vida
se esconde detrás de todo aquello
que hace que revoloteen mariposas en tu estómago.

Cada una de las mariposas
que revolotea en tu interior
lleva consigo un deseo de ser
quien verdaderamente estás destinado a ser.

RENDIRSE

Rendirse puede ser un acto de humildad
en el que reconoces y aceptas
que existen cosas sobre las que no vas a tener el
control.

Cuando te rindes
ante la inmensidad de lo que es
no tienes que hacer nada.
Todo se manifiesta ante ti de forma fácil y natural.

Volver a ti.

ENVIDIA

¿Acaso la envidia
te ha servido alguna vez
para conseguir aquello que deseas?

¿Acaso te han dado ganas de volar?

En este mundo de galería, donde todo es un escaparate de perfección, la envidia está a la orden del día. Nos apoyamos en ella y justificamos nuestros sentimientos de fracaso contra personas que han conseguido aquello que nosotros deseamos.
¿Acaso echarle tierra a los demás te ayuda a ser mejor?
¿Acaso te ha llevado alguna vez a sentirte bien?
¿A crecer?
¿A conseguir aquello que deseas?

No creo que envidiar la vida de otros vaya a darte una vida mejor a no ser que utilices la energía que la envidia puede darte para empezar a realizar acciones hacia lo que deseas.
Si no es para eso, no tires tu tiempo.
Créeme la envidia, por sí sola, no va a darte la vida que deseas para ti.

No puedo con todo y no pasa nada.

Volver a ti.

SALIR A FLOTE

Para salir a flote en un mar de dudas
hay que agarrarse fuerte a una posibilidad.
Porque una pequeña posibilidad siempre es más
grande
que todas las dudas posibles.

VERDADES ABSOLUTAS

El arma más peligrosa
es una creencia vestida de verdad absoluta.

Debemos ser conscientes de que todos y cada uno de nuestros pensamientos y, en definitiva, de nuestras creencias, nos llevan a actuar y a decidir de determinadas formas.

Si no somos capaces de ser conscientes de lo que cada creencia implica en nuestra vida y en nuestro estado de ánimo, no podremos cambiarlas para poder decidir cómo actuar.

Si convertimos nuestras creencias en "la verdad", nos separamos de todo aquél que no cree como nosotros y forjamos muros ante otros, que son espiritualmente iguales.

Aprendamos a mirarnos.

Aprendamos a ser capaces de no dar nada por absoluto.

Aprendamos a movernos de forma flexible, sin rigidez de ideas.

Solo mostrando lo que deseamos encontrar en nuestra vida seremos capaces de ser maestros para aquellos que están confundidos.

Nosotros somos la herramienta y las manos que deben construir este mundo.

Volver a ti.

EXCUSAS

Las excusas son para los conformistas.
Para los soñadores, solo hacen falta motivos.

Para los conformistas una mínima excusa es
suficiente como para no intentarlo.
Para los soñadores es suficiente con tener un motivo.
La diferencia no reside en algo que uno u otro no
tenga, sino en la determinación con la que uno u
otro se enfrenta a sus retos.

¿Tú eres conformista o soñador?

Albert Ureña

UN HOGAR DENTRO DE TI

Nada de ahí fuera es seguro,
pero dentro de ti puedes construir
un hogar donde sentirte a salvo siempre.

En la vida no hay nada permanente.
Vivimos en una seguridad imaginaria y nos agarramos bien fuerte a todo lo externo a nosotros, creyendo y proyectando en ello una falsa estabilidad permanente.
Las cosas no dan la felicidad.
Lo que tienes no te la da.
Tú te la das a través de las cosas.
La felicidad depende de ti, está en ti, sale de ti.
Si dejas la felicidad en las cosas,
¿qué sucederá cuando alguna de esas cosas se vaya o se termine?
Creerás que la felicidad se te ha acabado, que se ha ido con las cosas.
Pero eso no es cierto, es solo lo que tú has construido acerca de la felicidad.

Construye un hogar dentro de ti en el que puedas sentir que la felicidad te abraza cuando estés triste, que te arropa cuando allí fuera hace frío y te cubre cuando allí fuera llueve.

Volver a ti.

SER LO QUE ESPERAS

Se aquello que esperas encontrar.

¿Te gustaría encontrarte que estando herido alguien te graba en vez de ayudarte o de acompañarte?
Sé lo que esperas encontrar.

¿Te gustaría que infundiesen odio y que generalizaran sobre ti por algo que alguien ha hecho en nombre de algo?
Sé lo que esperas encontrar.

Enseña lo que esperas encontrar el día de mañana.
Es en estas situaciones, cuando estamos jugando el partido, en las que debemos demostrar quiénes somos y sacar a relucir, en ese preciso instante, el mundo que deseamos.

Si deseas un mundo de paz, no infundas odio.
Si deseas un mundo de amor, ama.
Si deseas respeto, respeta.
Si deseas compasión, sé compasivo.
Si deseas comprensión, intenta comprender.

Lo siento. Perdóname. Te amo.
Gracias.

AMAR LO QUE ERES AHORA

No quieras a la persona que serás
sin antes amar la que eres.

Si no empezamos a amar a la persona que somos ahora tampoco vamos a saber hacerlo con la persona que deseamos ser el día de mañana.

Muchas veces nos engañamos creyendo que la persona que seremos va a solucionar los problemas que tenemos siendo quien somos ahora. Siento decirte que eso no va a suceder.

Debemos amar a la persona que somos ahora porque es ahora desde donde nacen las oportunidades para construir aquello que deseas ser. No es de aquí unos meses o un año, es ahora. Ahora te toca ser, comprender y amar la persona que eres y que va a hacer que llegues donde quieres estar.

¿Cómo vas a respetar a esa persona que serás si no lo aprendes ahora?

¿Cómo vas a tener paciencia con ella si nada sale como habías planeado?

Ámate ahora.

Respétate ahora.

Honra la persona que eres ahora.

Ten paciencia contigo ahora.

Construye lo que deseas ser ahora.

Albert Ureña

DAR(NOS)

Solo el amor que se da
es el amor que se vive.
Porque solo vivimos
lo que somos capaces de dar(nos).

LO QUE NO VES TE DOMINA

El miedo que se niega
es miedo que detiene.

No se puede domar
aquello que no eres capaz de ver.

No podemos avanzar ni romper aquellas cosas que no somos capaces de ver.

Nunca vamos a poder cambiar aquello que no creemos que debemos cambiar, así como tampoco vamos a poder avanzar si no cambiamos en nosotros aquellas cosas que no nos permiten salir a navegar.

Tantos miedos que nos atan, que nos limitan, solo porque no los hemos hecho conscientes. Una vez los reconoces y sabes a lo que juegan, empiezas a ser tú quien mueve los hilos de tu vida y no ellos.

Y cuidado porque puede ser que se vistan de muchas formas.

De pereza, de resignación, de vergüenza, de creencia...

¡Debes estar atento!

¡Que no construyan tu vida!

EL SECRETO DE VIVIR

Saber vivir el cambio permanente de la vida.
Eso, es felicidad.

¿Parece fácil verdad?

Quien aprende a vivir con la conciencia de que todo es impermanente y que todo es susceptible de cambiar, se convierte en el dueño de su felicidad.
Ya no espera que todo tenga que cambiar porque es él el que provoca los cambios.
Ahora es él el que se adapta si algo que había planificado cambia.
Ya no es él el que desea cambiar a los demás.

Ahora vive en la incertidumbre de la vida, sabiendo que todo fluye en un constante cambio.
Lo que pasó cambió y lo que pasará es incierto.
Así que decide tomar las riendas del ahora, único tiempo en el que de verdad puede vivir.

JUGAR A GANAR

Gana quien juega,
aun sabiendo que puede perder.

Nunca se gana sin jugar.
El que no juega y asume el riesgo de perder, nunca
consigue ganar.
En la vida hay que mojarse.
En el amor hay que mojarse.
En los sueños hay que mojarse.

Si no hay riesgo de perder no hay nada que ganar,
pero cuando uno se lanza a ganar,
no importa que pueda perder,
porque ya se ha ganado.

No necesito el amor de nadie para reconocerme a mí mismo.

Volver a ti.

SI VAS A ABANDONAR TUS SUEÑOS...

Si vas a abandonar tus sueños
recuerda para qué empezaste.

Albert Ureña

ESPÉRAME ALLÍ

Espérame allí
donde la ilusión de un sueño empieza.

Espérame allí
donde la esperanza nunca se agota.

Espérame allí
donde creer es la libertad para crear sin destruir.

Espérame allí
donde amar no equivale a sufrir.

Espérame allí
donde te sientas completo y yo no sea un vacío que
llenar.

Te espero allí.

Volver a ti.

NO PIDAS OPINIÓN

Cuando te hayas convencido a ti mismo
de partir hacia tus sueños,
no pidas opinión.

Cuando el corazón te empuje
a amar,
no pidas opinión.

Porque perseguir sueños y enamorarse es de locos
y los cuerdos nunca van a entender
eso de apostar por una vida que valga la alegría
de vivir.

Hazlo.
Construye una vida ajena a las opiniones de los demás.
Una vida en la que arriesgar a perder no sea un
fracaso, sino un salto hacia tu honestidad.
Una vida en la que la mayor apuesta seas tú.

¿Quieres saber mi opinión?
No la pidas. ¡Hazlo!

SOFÍA

Revolucionaste nuestras vidas hace ya más de 2 años cuando empezamos a buscarte y tuvimos que recorrer un camino en el que nos hiciste romper todas nuestras convicciones y creencias. ¿Sabes? Todo da igual cuando lo que amas es más grande que tú mismo.

Decidiste elegirnos y te quedaste 9 meses con nosotros dándonos un embarazo muy bueno, pero de nuevo, para poder tenerte aquí tuvimos que volver a romper todo aquello para lo que nos habíamos preparado con tanta ilusión.

Si algo nos has enseñado ya hija, es que no tenemos el control de nada. Hay que vivir la vida como viene. Hacer tus planes, pero desplanificarlos si es necesario en cualquier momento y adaptarte a los cambios lo más rápido posible.

Cuando deseas algo con tanta fuerza y el amor que sientes transgrede los límites de tu propio ser, da igual qué camino tomar si el premio es aquello que amas.

Te prometemos que vamos a seguir atentos, conscientes a todos los retos que se nos presenten. Juntos vamos a vivir cada segundo de nuestras vidas como si ese segundo fuese lo único que tenemos.

Vamos a seguir aprendiéndonos y conociéndonos en cada nueva etapa de nuestras vidas, siendo conscientes de que lo único que importa es el amor que nos tenemos. ¿Y sabes? Ese amor es lo que nunca

Volver a ti.

va a cambiar. Es inmutable, incondicional; nuestra ancla, esa que nos va a mantener siempre juntos.

Recuérdalo pequeña, porque es lo único que somos y lo que verdaderamente va a salvarnos siempre.

Sofía 🐦 *21.09.18*

Albert Ureña

INSISTE

Insiste.
Pero que te haga feliz.

Manifiesto mis emociones cuando lo necesito.

DIFERÉNCIATE

Es fácil ser diferente,
tan solo debes ser tú mismo.

Vivimos mirándonos y comparándonos con los demás,
y en ese intento de vernos nos difuminamos en el otro.
¿No te das cuenta de lo especial que eres?
¿No ves lo único y diferente que eres?
¿Acaso no ves la magia que tienes y crees que debes
buscarla en los demás?
Cambia el foco.
Reconócete.
Mira todo lo que eres y que te hace especial.

Volver a ti.

TEN CONFIANZA

Viniste con plena confianza en ti mismo.
Simplemente confiabas y te lo permitías todo.
No creías en nada.
Y donde no existe creencia no existen límites.

La confianza se pierde en el momento en el que crees que un error o un fracaso te la va a quitar.
La confianza es algo que no se va, es algo que siempre tienes dentro de ti y que puedes usar en cualquier momento de tu vida.

¿Puedes confiar hoy en ti?

Albert Ureña

LA GENTE DE VERDAD

La gente de verdad,
la que desea vivir de verdad,
la que quiere amar de verdad,
la que quiere soñar de verdad,
lo hace.
Y punto.

NO SOMOS LO QUE GANAMOS

En la vida no somos lo que ganamos.
Somos en quien nos hemos tenido que convertir
para ganarlo.

Albert Ureña

QUE NADIE TE DIGA

Que nadie te diga quién eres.
Que nadie te exija qué quieres.
Que nadie te ponga límites.
Y sobre todo....
no seas tú ese alguien.

Procura no ser tú aquel que te defina,
aquel que te limite,
aquel que te exija qué ser o qué hacer.
Quiérete libre,
sin límites,
sin exigencias,
con todas las posibilidades a tu alcance.

Me doy permiso para no hacer nada, solo estar abierto a la sabiduría divina.

NO SEAS...

No seas solo lo que se espera de ti.

Porque eres mucho más de lo que alguien espera de ti.
Y mucho más de lo que esperas de ti mismo.

ILUSIÓN

Existe una gran diferencia
entre los que viven de ilusiones y los que viven con
ilusión.

Los primeros solo sueñan,
el resto disfruta construyendo sus sueños.

Albert Ureña

ÍDOLOS

Si te idolatraras de vez en cuando
con la misma intensidad con la que lo haces
hacia aquél que tanto admiras,
todo te resultaría posible.

Para poder brillar
necesitas reconocer el brillo en ti.

Volver a ti.

FRUSTRADOS CONSTANTEMENTE

No es obligatorio estar feliz constantemente.
Creerlo puede llegar a frustrarte constantemente.

La felicidad es una parte necesaria en la vida
igual que lo puede ser la tristeza.

Todo tiene su momento.
Todo tiene su función.

Ser feliz no es obligatorio.
Debemos aceptar la parte incómoda de la vida.
Aceptar que habrá momentos en los que no estemos felices y que por más que lo intentemos no podamos estarlo, es parte de construir la felicidad.
Esta obligatoriedad que existe de negar la tristeza, la rabia, el odio y demás emociones, nos puede llevar a la frustración, y a creer que hay algo que está mal en nosotros porque no podemos ser felices.
Yo te digo que puedes serlo, aunque no sea todo el tiempo.
Para que pueda existir un momento de equilibro algo debe de desequilibrarse en algún momento.
Te mereces ser feliz, pero no por eso te exijas tener que estarlo constantemente.

Albert Ureña

APROBACIÓN

Buscar constantemente la aprobación de los demás
es otra forma de decirte que no te apruebas a ti mismo.

Aquello que buscamos fuera de nosotros nos
confirma lo que creemos que nos falta.
Pero solo es una creencia.
Tú no necesitas la aprobación de nadie,
porque la única aprobación que vale es la tuya.

Solo es un pensamiento y yo soy más que mis propios pensamientos.

Albert Ureña

ATADOS AL CAMBIO

Nadie está a salvo de un cambio en su vida
ni de elegir cómo vivirlo.

El que crea que está libre de cambio, que abra los ojos.
El que crea que no puede elegir cómo manejar el cambio que tome su responsabilidad y la ponga a su servicio.

Todos estamos expuestos a los cambios de la vida, del momento, de las personas, del tiempo... nada escapa al cambio.
No te resistas, tú eres cambio constante.
Toma las riendas de tu vida y decide cómo quieres vivirlo.

Volver a ti.

ANTES DE GANAR

Todo el mundo, antes de ganar,
primero ha tenido que ser valiente.

TE DAS O TE QUITAS

Lo que das,
te lo estás dando a ti mismo.

Lo que quitas,
te lo estás quitando a ti mismo.

Lo que exiges,
te lo estás exigiendo a ti mismo.

Todo lo que das te lo das.
Así que date hoy el permiso para ser lo que quieras,
amar a quien quieras, abrazar a quien quieras.
Al final, todo te lo vas a estar dando a ti mismo
(aunque no te des cuenta).

Volver a ti.

LABERINTOS CON SALIDA

Si tú mismo te has traído hasta aquí, tranquilo,
tú mismo puedes salir.
Nadie crearía para sí mismo
un laberinto sin salida.

Albert Ureña

PUES ASÍ, SIEMPRE

¿Te acuerdas de aquella vez
en la que no sabías que iba a suceder
y aun así confiaste en ti?

Pues así, siempre.

Confiando en ti.
En tus posibilidades.
En tu grandeza.
En tus virtudes.
En tus capacidades.
En tu intuición.

Soy la encarnación de la alegría. La alegría vive en mí.

DECIDIR

De todo aquello que no decides,
también has decidido.

Porque somos las decisiones que no tomamos
y las que tomamos también.

Somos aquello que no nos damos
y lo que nos damos también.

Somos lo que elegimos ser
y lo que no elegimos ser también.

Volver a ti.

LA VERDAD DEL EGO

La verdad es solo otra opinión.

Vivimos defendiendo "la verdad".
Somos capaces de pelearnos, enfadarnos, odiarnos e incluso lastimarnos en nombre de la verdad y no nos damos cuenta de que vivimos sometidos a esa verdad.
Todo nuestro mundo, nuestras relaciones, nuestra forma de vida, todo lo que construimos y soltamos está basado en esa verdad.
Una verdad que hemos hecho real y que nos mantiene separados del resto, que no entiende nuestra verdad, y que, para nosotros, vive en su mentira.
Y vamos ciegos de verdad, caminando con un solo color en la vida.
Hablamos de libertad quitándoles la libertad a otros.
Hablamos de paz estando en guerra.
Hablamos de amor odiando al resto.

Despertar de toda tu verdad empieza cuando comprendes que la verdad, es solo una opinión más.
Pero claro, hay que ser valiente y reconocer que estabas equivocado, que has defendido algo ilusorio.
Y la humildad, querido amigo, es ciega para un ego que quiere proteger su existencia a base de defender su verdad.

Albert Ureña

OLVÍDATE DE TI

Olvídate por un momento
de quién eres,
de tu nombre,
de dónde naciste,
de lo que te sucedió,
de lo que te dolió,
de todo lo que te dijeron que eras,
de todo lo que te dijiste...

"Desidentifícate" de todo por un instante
y mira la libertad que te abraza
al poder serlo todo de nuevo.

Cuando apartamos de nuestra mente todo aquello que hemos aprendido que somos, todo lo que defendemos, todo a lo que nos aferramos, nacen infinitas maneras de poder mirarnos con nuevos ojos, con nuevas posibilidades.
Quizá se esfume la presión que sientes al ser quien eres.
Quizá se disuelva la tensión que sientes al tener que estar defendiendo una idea o una creencia.
Quizá, veas la luz que eres, que lo envuelve todo.
Una luz que lo es todo, sin límites ni fronteras, ni sentimientos apegados, ni rechazos, ni banderas.
Aunque sea solo por un momento hazlo.
Hazlo por la libertad que vas a sentir.
Hazlo por la libertad de tu mente y de tu cuerpo.
Hazlo por ti.
Hazte libre de ti mismo.

Volver a ti.

REFLEJO

Dejaste de mirarte al espejo
por miedo a no reconocer lo que este te muestra.

Y lo que te muestra no tiene nada que ver con lo que ves,
porque la responsabilidad de ver es siempre del que mira,
que está destinado a encontrarse con aquello que
quiere ver.

Así que no cambies de espejo,
mejor cambia la forma en la que te ves.

Albert Ureña

ESCUCHAR DE VERDAD

Se necesitan personas que sepan escuchar de verdad, no personas que solo estén dispuestas a escuchar su verdad.

Cuando de verdad quieras escuchar a alguien apártate de tu verdad e intenta abrazar la suya.
Nunca se puede entender qué se siente al caminar con una piedra en un zapato si no te los pones y caminas, y que conste que, aun así, no se podrá entender al cien por cien la experiencia que cada cual vive de una misma realidad (piedra en el zapato).
Por favor, escúchame de verdad y solo así te acercarás a verme, de lo contrario estaremos los dos ciegos.

Volver a ti.

Ahora dejo de luchar.
Puedo sentirme en paz
en este momento.

FUEGOS

Nunca he visto al odio apagar un fuego,
pero he visto a la pasión encendiendo más de uno.

No todos los fuegos queman con la misma llama
ni todos calientan por igual la misma piel.

Así que cuidado con el fuego que enciendes
porque no todos queman por igual.

LA MAGIA ERES TÚ

La magia existe,
porque, aunque sabemos que hay truco,
seguimos queriendo tenerla cerca.

La magia no es más que ilusión
y nos gusta sentirnos ilusionados,
porque la ilusión es lo que mueve las cosas.

Así que, si algún día no ves la magia no te preocupes,
porque la magia siempre estará ahí para ti.
En ti.
Porque la magia eres tú.

Albert Ureña

ME MIRÓ

Me miró
como yo nunca había sabido quererme.

Volver a ti.

INSTANTES

Un instante es lo que tienes.
Un instante es lo que eres.

Un instante para que todo cambie.
Un instante para cambiarlo todo.

Albert Ureña

TU VIAJE

Ojalá viajes en un barco llamado alegría
donde la tripulación se llame esperanza, valor,
paciencia y perseverancia.

Ojalá abras bien tus ojos en el camino
y no te ansíes por llegar al destino.

Ojalá que en cada mala mar
aprendas a navegar las olas.

Ojalá no te quedes hundido
y sepas siempre salir a flote,
aunque tengas que pedir ayuda.

Ojalá disfrutes de tu viaje
y sepas apreciar cada paso que des hacia tu destino.

Ojalá que una vez ya allí
hayas sido capaz de ver todas las cosas buenas
que te dio el camino
y vuelvas a tener ganas de emprender otro viaje más.

Volver a ti.

Mis pensamientos me inspiran y
me elevan.

Albert Ureña

AL ADULTO QUE ERES

Siendo el adulto que eres hoy,
¿qué te diría el niño que fuiste?

Déjame suponerlo.
Te diría algo como:
¿Por qué hemos dejado de jugar?
¿Por qué hemos dejado de disfrutar de las cosas?
¿Por qué le damos tanta importancia a lo que no la tiene?
¿Por qué nos exigimos tanto?
¿Por qué tenemos tanto miedo?
¿Por qué lo hacemos todo tan aburrido?
¿Por qué nos juzgamos tanto?
¿Por qué nos miramos y ya nunca nos gustamos?
¿Por qué vivimos para los demás?
¿Por qué...?
¿Por qué...?

Volver a ti.

SER, SIENDO

La fe no sirve sino se vive con fe.
La confianza no se tiene si no se confía.
La valentía no existe sin ser valiente.

Somos aquello que vivimos,
no lo que queremos vivir.

No existe otra forma de ser
que siendo.

PERMITIRSE

Permitirse.
Cuántas posibilidades se esconden detrás de esta
palabra.

¿Qué posibilidades se abrirían en tu vida si te dieses
el permiso?
¿Por qué no te lo permites?
¿Qué es para ti permitirte?
¿Y tú, a qué te das permiso?

LO QUE VIVES ES SOLO TUYO

La experiencia no es transferible.
Lo que vives, de la forma en la que lo vives, es solo tuyo.
Nadie puede vivir por ti.

Por eso es tan importante no juzgar a nadie.
Porque la experiencia que cada uno vive es un tesoro que uno mismo guarda.
Vive, y que nadie te lo cuente.

Albert Ureña

LO IMPORTANTE

Si solo prestas atención a lo urgente, detente.
Quizá te estás perdiendo todo lo realmente
importante para ti.

Volver a ti.

Hoy dejo que mi luz brille.

DESAPEGARSE

Ojalá siempre se cumpla aquello que deseas.
Y si no se cumple, ojalá seas lo suficientemente valiente como para desapegarte de ello y seguir teniendo ilusiones.

Ojalá siempre sigas creando ilusiones a pesar de que no se cumplan.
Ojalá puedas seguir viendo lo bueno que hay en todas las cosas.
Ojalá sepas soltarte a tiempo de aquello que te mantiene con los pies en el suelo.
Ojalá hagas de tu vida un lugar para vivir ilusionado.
Ojalá no se agoten nunca tus ganas de seguir creyendo que todo es posible.

Volver a ti.

NUESTRAS DECISIONES

No somos producto de nuestras circunstancias.
Somos producto de nuestras decisiones.

Decide, en tus circunstancias, cómo vas a vivirlas.
Porque a aquél que ha aprendido a ser protagonista
de su vida, no le importa la posición en la que juega,
sino de qué forma va a jugar.

Albert Ureña

ACTO DE VALENTÍA

No existe mayor acto de valentía
que amarse a uno mismo.

El acto más valiente no es otro que amarse.
Amarse sin condiciones.
Abrazando todo lo que eres.
Cada parte de ti.
En este momento.
Siendo coherente contigo mismo.
Perdonándote en los errores.
No existe otro trabajo en esta vida que aceptarse y amarse ahora.
Perdonar lo que fue, reconocer quién eres y avanzar hacia lo que deseas ser.

Volver a ti.

MI TIEMPO

Yo soy quien usa mi tiempo como me da la gana.
Si no tengo tiempo para ti, no me juzgues,
me lo estoy dedicando a mí.

NO LO ACEPTES

No.
No aceptes aquello que no te hace feliz en tu vida.
No lo aceptes.

Porque el problema no es aceptar que existe algo que no nos hace felices,
el problema es aceptar que eso no pueda cambiar.

Me abro a la prosperidad.
La abundancia fluye en mí.

ANGUSTIA

Todo lo que nos angustia
no es más que una idea proyectada en el futuro.

Quédate aquí,
en lo que sucede ahora.
No te vayas a vivir cosas que no tienen por qué
suceder.

La mayoría de nuestros sufrimientos y angustias tienen su causa en nuestras ideas de futuro. Ideas que nos transportan a lugares y situaciones que todavía no han pasado (y que no tienen por qué suceder), pero que vemos tan reales que las sentimos como si estuviesen pasando. En ese momento aparecen en nuestro cuerpo reacciones fisiológicas que nos quieren ayudar a escapar de esa situación imaginaria. Nuestras mentes no son capaces de diferenciar entre lo que es real y lo que no, y para ayudarte, se cree todo aquello a lo que le das vida en ella.

Cuando somos capaces de centrarnos en la vida que nos está sucediendo ahora, solo lo que nos está sucediendo en este mismo instante, nuestros miedos dejan de gritar y nuestro cuerpo vuelve a su estado natural acorde con lo que sucede en este mismo instante.

No te proyectes en un futuro que todavía no ha sucedido.
Mantente aquí, viviendo ahora.

Volver a ti.

PARAR

Tú lo llamas no hacer nada,
pero pararse a sentir la vida sin organizarla,
también es vivirla.

Y parar, a veces, te devuelve a la vida.

Albert Ureña

TRES PALABRAS MÁGICAS

Hay tres palabras mágicas que van a cambiar tu vida para siempre.

EMPIEZO POR MÍ.

Eres el centro desde donde nace toda tu vida.
No haya nada más importante que tú.
Si tú te cuidas, te respetas, te das prioridad, vas a ver como el universo te responde de la misma forma.

Dale prioridad siempre a lo más importante que tienes en tu vida.
TÚ.

Volver a ti.

EL SIGNIFICADO DE LA VIDA

*El significado de la vida
no es otro que vivir.*

Que cada cual lo haga a su manera, pero que viva consciente de la responsabilidad que tiene en sus manos.
Que lo haga con alegría, con determinación, sin menospreciar la vida de los demás, sin atentar contra los que deciden vivir diferente.
Viviendo desde dentro y poniéndolo todo en cada momento.

Albert Ureña

NO ESTÁ DONDE LO PERDISTE

No.
No se puede encontrar felicidad en aquel lugar
donde la perdiste.
Pero si algún día vuelves,
que sea para aprender que puedes construirla de
nuevo.

Quizá no podamos buscar y encontrar felicidad en
aquél lugar de donde salimos heridos, pero podemos
volver habiendo encontrado paz, una vez hayamos
sembrado perdón.
El perdón que da frutos a una nueva felicidad.

Vivo rodeado de gente que me ama.

EL ESPACIO EN TU VIDA

No le des espacio en tu vida
a aquellas cosas que no vayan a mejorarla.

Imagina que tu vida es un armario donde guardas y acumulas cosas, personas, experiencias, emociones, juicios de valor, etc.
Está todo ordenadito y puedes elegir deshacerte de lo viejo o lo que no uses, y de todo aquello que no te sirva ya.

Ahora tienes espacio para volver a colocar y guardar lo que elijas. Y por eso, vas a elegir aquello que deseas guardar en él.
Recuerda que ese armario es tu vida.
¿Qué vas a dejar entrar en ella?
¿Qué vas a acumular?
¿Qué vas a permitirte creer?
¿En qué lugar vas a colocarlo?

Tu vida es solo tuya y tú eres el responsable y dueño del espacio que dejas y de lo que permites que entre. Así que haz limpieza y toma consciencia de lo que has ido guardando y sigues utilizando, sin que ello sume nada bueno a tu vida.
¡Recicla de vez en cuando!

Volver a ti.

ALGO ES SEGURO

Algo es seguro,
que nada lo es.

Algo es seguro,
que lo eres todo.

Algo es seguro,
que todo es posible.

FALSOS RECUERDOS

No te fíes de todo lo que recuerdas.
A veces tu memoria te enseña falsos recuerdos
para ayudarte a sobrevivir.

Lo que fue malo una vez, en un momento concreto,
puede no ser tan malo hoy.

Lo que ayer nos pareció malo hoy puede que no lo sea.
Quizá fue el momento en el que estábamos y cómo interpretamos la situación, lo que hizo que se convirtiese en un mal momento.
Nuestra memoria lo guardó en el cajón etiquetado como peligros y nos lo va a mostrar de tal forma que se nos quiten las ganas de volver a vivir una situación parecida.
Así que, gracias a ella, nos echamos para atrás y evitamos la posibilidad de vivir nuevas situaciones, que ni por asomo pueden acabar en el mismo final.

No te creas todo lo que recuerdas. Tu cerebro quiere protegerte, pero a veces no sabe qué es lo mejor para ti.
Intenta generar nuevos recuerdos, resignificarlos y, sobretodo, ser consciente de que ellos no son lo que debe suceder en un futuro.
Eso solo puedes decidirlo tú.

Volver a ti.

FIRMADO...

Si te das permiso, despierto.
Si crees en mí, estoy más cerca.
Si cierras los ojos, sigo aquí.
Si los abres, sigo contigo.
Si luchas por mí, lucho contigo.
Si caminas por mí, camino contigo.
No me abandones, voy de tu mano.

Firmado: Tus sueños.

Albert Ureña

DONES

Ves al pianista tocando
y solo piensas en la suerte que tiene por tocar así.
Pero no ves las horas de práctica que lo han traído
hasta aquí.

Los dones existen,
pero hay que practicarlos mucho
para que se conviertan en parte de nuestra vida.

Volver a ti.

Soy dueño de mis pensamientos y los enfoco hacia lo que deseo sentir.

Albert Ureña

UN JUEGO DE NIÑOS

Lucha por lo que amas.
Sueña abriendo bien los ojos.
Dedica tiempo a lo que te hace bien.
Pon tu energía en aquello que te llena.
Disfruta de todo lo que tienes.
Preocúpate solo de lo que puedes controlar ahora.
Hazte dueño de tus emociones.
Ríe, baila, juega y diviértete cada día.

Recuerda siempre que la vida
empezó siendo un juego de niños.

Volver a ti.

AMAR SIN CONDICIONES

Para amar no hace falta nada más
que un corazón libre de condiciones.

Albert Ureña

EL MIEDO NO EXISTE

El miedo no existe,
existen los miedosos.

La valentía no existe,
existen los valientes.

Es lo que somos lo que acaba siendo.
El miedo se crea en los miedosos porque en la valentía,
aunque existe el miedo,
deja de existir cuando decides ser valiente.

Volver a ti.

NO ESTÁS SOLO

Agradece hasta aquello que parece más insignificante en tu vida.
Piensa que hasta la más mínima molécula de oxígeno se ha creado para que vivas.

Siéntete acompañado y abrazado en todo momento por la energía que mueve el Universo.
No estás solo.

Albert Ureña

CONSTRUYENDO NUEVOS MUNDOS

Nada ha cambiado.
Yo he cambiado.
Todo ha cambiado.

Es nuestra percepción de las cosas la que crea la realidad de las cosas que vivimos.

Puede que nada de mi alrededor cambie, pero si soy capaz de cambiar mi percepción, entonces todo se vuelve diferente.

Un niño puede crear un mundo de una caja de cartón.

Nosotros solo vemos una caja de cartón, pero debemos recordar que también para nosotros, esa caja de cartón un día fue un coche, una casa, un garaje, un mundo...

Volver a ti.

Soy poderoso.
Soy confiado.
La vida me sostiene.

TE DESEO

Te deseo
que cada vez que lo intentes con ilusión y falles
no te juzgues.
A veces las cosas no suceden a la primera
ni cuando nosotros queremos.

Te deseo que no permitas que nada
te haga apagar el brillo que hay en tus ojos.
Vas a seguir teniendo días malos,
personas que van a irse y otras que van a llegar.
Decepciones y expectativas no cumplidas.
Unas veces vas a creer en ti mucho
y otras vas a creer que eres lo peor.

Pero a pesar de todo, ten fe en ti mismo
y en lo que tu corazón te dice.

Te deseo que te desees lo mejor.
Siempre.

Volver a ti.

MIRAR LA POSIBILIDAD

Qué mágico es cuando miras a alguien
como todo lo que puede ser,
y no como todo lo que se ha dicho que es.

FOCO

Si eres capaz de ver los defectos eres capaz de ver las virtudes.

¿Y si te enfocaras en ver lo mejor de ti y los demás?
¿Y si reforzaras en ti todo lo bueno que tienes?
¿Y si dedicaras más tiempo a mejorar lo que ya tienes bueno?

¿Qué cambiaría en tu vida si eligieses el foco donde mirar?

Volver a ti.

TU PAPEL

Tu papel es corregir tu mente,
no la de los demás.

Tu papel es cambiarte a ti mismo,
no a los demás.

Albert Ureña

CIEGOS

No solo es ciego el que no puede ver,
también lo es el que no quiere mirar.

Somos ciegos de todo lo que no queremos ver.
Somos ciegos de todos los sitios donde no nos
dignamos a mirar.
Somos ciegos de todos nuestros puntos ciegos.

Lo que no vemos existe,
pero no para nosotros,
solo para el que mira en esa dirección.

No es necesario que llegue a todo.
Suelto el control.

Albert Ureña

LA INVITACIÓN

Encontré que la felicidad
nunca había sido algo que viniese a llamar a mi
puerta,
sino que era algo que debía invitar a mi vida.

La felicidad no puede ser pasiva,
debe ir acompañada por un proceso constructivo
constante.

Hay que hacer que ocurra,
en vez de esperar a que ocurra.

A veces hay que invitarse a renunciar
a lo que no nos hace felices
para empezar a serlo.

CUIDADO

Cuidado con perderse lo que se está viviendo
por pensar en lo que queda por vivir.

Cuidado con creer que lo que vendrá
tiene que ser mejor que lo que hay.

Lo que hay es lo único que tienes y que te pertenece.
Disfrútalo como viene.

Albert Ureña

DARTE CUENTA

Buscamos constantemente
el amor que ya somos,
la felicidad que ya somos,
la abundancia que ya somos.

Solo hace falta que te des cuenta
de que ya lo tienes,
de que ya lo eres.

ALQUIMIA

Quizá no todo viene tal y como lo pediste
pero puedes hacer que sea igual de especial.

Esa es tu magia.

Albert Ureña

VETE

Existen amores
que te dejan sin aliento
y otros que asfixian.

Y no es lo mismo.

Si te ahoga.
Si no te deja ser tú.
Si juega a hacerte sentir culpable.
Si no te hace feliz.

Vete.

Y al irte,
Estarás enseñándole amor propio.
El que tú te estás dando.
El que no se ha sabido dar.

Volver a ti.

Los errores y contratiempos son espacios para mi crecimiento.

Albert Ureña

ARMADURAS

Que no te engañe mi armadura.
Yo no vine con ella.

Se me fue construyendo con el tiempo,
con los años, con los daños.

Me ha ido protegiendo
y me he acostumbrado tanto a llevarla
que hasta yo me he creído que soy ella.

Y yo no soy ella.
Soy todo lo que hay detrás de lo que muestro
y de lo que tú ves.

Volver a ti.

DESAGRADECIDOS

Esperamos a ser mejores para intentarlo.
Esperamos al momento esperado.
Esperamos a las personas adecuadas.
Esperamos a que todo sea perfecto
como si todo lo que existiese ahora no lo fuese.

Y así vivimos esperando
juzgándolo todo como si tuviésemos tiempo
y desmereciendo lo que ahora tenemos.

Que es perfecto.

Albert Ureña

NOS DA LA VIDA

Quizá el amor no nos libre de la muerte
pero puedo asegurarte que nos da la vida.

Cuando dudes ama.
Cuando creas que no puedes más, ama.
Cuando sueñes, ama.
Amar despierta el alma.

TODO ES PRESTADO

¿Y si lo sintiésemos todo como si fuese prestado
y no como si fuese nuestro?

¿Y si nada es tuyo?
¿Y si todo es prestado para que lo disfrutes mientras
lo tienes?
¿Y si el tiempo que se te ha dado tan solo es otro
préstamo?

Todo es prestado.
No vas a poder llevarte nada.
Mejor regala todo lo que tengas en ti
para que puedas dejar vivo
un buen recuerdo en los demás.

CON EL MAL SABOR DE BOCA

A veces es mejor quedarse con el mal sabor de boca que con las dudas.

¿Cuántas veces te quedas con esa pregunta que deseabas hacer?
¿Cuántas con esas dudas de si hacerlo o no hacerlo?

Y qué si la respuesta no es la que esperabas.
Y qué si el resultado de lo que haces no es el que deseabas.
¿Crees que es mejor quedarse con ese sentimiento de miedo y dudas en tu interior?
¿Es mejor quedarse con la sensación de que no lo intentaste y creerte que fue porque no valías suficiente?
Existe una diferencia entre las personas que consiguen cosas y las que no. Ellas miran sus miedos, los abrazan y siguen adelante a pesar de saber que, al probar, pueden quedarse con un mal sabor de boca.

En el fondo han aprendido
que saben peor las dudas.

Volver a ti.

Avanzo en mi vida sabiendo que estoy a salvo porque cuento con protección y guía divina.

EL JUEGO DE LA CULPA

No existe culpabilidad en el mundo,
por grande que sea,
que pueda borrar una decisión.

Sentirte culpable no va a hacer desaparecer la decisión que tomaste.

Lo único que va a conseguir la culpabilidad es hacer que te castigues, pero lo que pasó nunca va a cambiar por mucha culpabilidad que te inflijas.

En vez de jugar con la culpabilidad prueba a aceptarte y perdonarte por las decisiones que tomaste en un momento determinado de tu vida.

Estoy seguro de que, si lo hiciste, fue pensando en que te merecías ser feliz.

Y así es, te lo merecías.

Y ahora también.

Volver a ti.

OXÍGENO

A veces el oxígeno no se obtiene inspirando.
A veces, te lo da un "todo va a ir bien".

¡BASTA YA!

¡Basta ya!
De juzgarte.
De menospreciarte.
De no ver las cosas buenas que tienes.
De no darte el valor que te mereces.
De no creer en tus posibilidades.
De ser cobarde.
De desconfiar de todo.
De intentar ser algo que no eres.
De vivir para los demás.

¿Hasta cuándo vas a seguir haciéndote daño?

EMPODERARSE

Dales a todos tus problemas
un significado que te empodere.
¡Siempre!

El problema es el problema, y digamos que existe y es real.
¿Pero qué pasaría si le das al problema un significado que te empodere en vez de hundirte en él?

En toda situación existe un momento de decisión en el que debes apostar o por buscar una solución o enredarte más en el problema.
¿Estás pasando por una situación problemática?
Entonces pregúntate:

¿Quién quiero ser en este problema?
¿Qué habilidades tengo que aprender para superarlo?
¿Qué debo aprender de mí en todo esto?

LIMPIEZA MENTAL

Limpia tu mente de vez en cuando
de cosas que ya no necesitas.

No acumules basura mental.
Sácala de vez en cuando.

Renueva tus creencias.
Renueva tus límites.
Renueva tus juicios.
Renueva tus etiquetas.

Libérate.
Empieza una vida renovada
con una mente renovada.

Hoy creo un mundo libre de estrés.
Estoy en paz.

Albert Ureña

CERTEZAS

Aquél que busca solo certezas
no se permite el espacio para ver
lo incierto e invisible.

La magia no se puede ver, pero puedes sentirla.
Y ahí, justo ahí, en la incertidumbre,
nace la magia.

Volver a ti.

ME GUSTAS ASÍ

A mí me gustas así.

Cuando afrontas tus miedos
y no permites que te detengan.

Cuando te permites ser lo que eres
sin juzgarte y te desnudas al mundo.

Cuando vas a por todo en lo que crees.

Cuando tienes la valentía
para detenerte y empezar de nuevo.

Albert Ureña

DILE QUE TE AMAS

Dile que te amas,
y que por eso te quedas,
porque has decidido darte lo mejor.

O dile que te vas
porque te amas,
y te mereces lo mejor.

Volver a ti.

MANÍAS

Esa estúpida manía
de esperar más de los otros
que de nosotros mismos.

ABANDONAR NO ES PERDER

Abandonar lo que ya no te hace feliz
no es perder,
es aprender a ganarte a ti mismo.
Es reivindicar lo que te pertenece por derecho
divino.

Pierde quien se abandona
en el lugar donde un día fue feliz y ya no lo es.

Y quien se ha ganado entiende
que la felicidad no es un lugar al que llegar
sino un camino que recorrer.

Hoy me regalo todo mi amor
incondicional.

ACERCA DEL AUTOR

Hola, soy Albert, y no, no tengo una gran historia de superación que contarte en la que, de forma fácil, ya pueda ganarme tu atención.
Me considero una persona normal, pero si algo me define es la pasión. Pasión por la vida, por mi familia, por el desarrollo humano y la Psicología como ciencia que estudia el comportamiento humano.

Me dedico a esto del desarrollo personal como Coach desde el 2012, año en el que un "click" me cambió la vida y me hizo verlo todo con nuevos ojos.
Fue en ese "click" donde decidí dedicarme, desde el corazón, a la pasión que siento por las personas y su desarrollo personal y desde entonces he acompañado a muchas almas en su búsqueda de bienestar, que no es más que el arte de "estar bien".

Mi trabajo consiste en que consigas mirar lo mismo con nuevos ojos, tal como me ocurrió a mí y me salvó la vida. Porque cuando uno aprende una nueva forma de mirar, lo que miras, tiene el poder de cambiar.

Soy coach por ICF y estudiante de Psicología por la UOC, consultor y formador. Estoy especializado en el desarrollo de personas, equipos y gestión de proyectos. Cuento con más de 5 años de experiencia en el ámbito del desarrollo de personas y equipos, la formación y la consecución de objetivos.

Más información sobre mí en www.coaching12.com
Puedes encontrarme en mis RRSS como @alberturma

Printed by Amazon Italia Logistica S.r.l.
Torrazza Piemonte (TO), Italy